_____ 드림

진로진학
독서

진로진학
독서

초판 1쇄 인쇄 2016년 4월 22일
초판 1쇄 발행 2016년 4월 29일

지은이 윤소영·주영아

발행인 장상진
발행처 경향미디어
등록번호 제313-2002-477호
등록일자 2002년 1월 31일

주소 서울시 영등포구 양평동 2가 37-1번지 동아프라임밸리 507-508호
전화 1644-5613 | **팩스** 02) 304-5613

ⓒ 윤소영·주영아

ISBN 978-89-6518-174-3 03370

자유학기제&학생부종합전형
맞춤형 독서 프로그램

진로진학 독서

(주)하자교육연구소 윤소영·주영아 지음

경향미디어

머리말 1

진로와 관련된 현장에서 초·중·고·대학생들을 만나고 있다. 처음 진로와 비전에 관한 프로그램을 진행했을 때만 해도 학생들은 진로 수업을 획기적이고 신선한 것으로 받아들였다. 그들에게 누구도 그다지 깊게 물어봐 주지 않던 질문들. "너는 무엇을 좋아하니?", "너는 어떻게 살고 싶니?" 이런 질문 자체가 그들에게는 공부와 성적을 묻는 질문과는 성격이 다른 것이었기 때문이다.

몇 년 전 세상에 펼치고 싶은 역할은 무엇인지 생각해 보라는 과제에 일주일 동안 인생 고민을 하다 온 학생은 이렇게 이야기했다. "선생님, 왜 이런 질문을 학교에서는 하지 않는 걸까요?"

그런데 지금은 시대가 많이 바뀌었다. 중고등학교에는 진로 상담 교사들이 진로 수업을 한다. 중학교 때 진로 수업을 들은 학생이 고등학교에 올라가면 또 진로 수업을 듣는다. 고등학교 진로 선생님들도 이야기한다. 예전엔 진로 수업을 하면 신기하게 듣는 학생들이 있었지만 지금은 "또 해요?", "이거 시험에 안 나오죠?"라는 반응을 신경 쓰면서 수업을 해야 한다고….

그러면 중고등학교로 이어지는 진로 수업에서 학생들은 얼마나 자신의 진로를 명확히 세우고 있을까? 수시 입시 비율이 높아져 진로 목표와 설계가 어느 때보다도 중요해진 시대에 살고 있는 학생들은 학교와 학과에 맞춰 자기소개서를 수정하느라 바쁘다. 갑자기 바뀐 목표에 없는 스펙과 경험을 뒤적여야 하는 경우도 허다하다. 1 대 다수의 진로 수업에서 눈을 초롱초롱 빛내며 듣는 학생들은 사실 진로 수업을 안 들어도 본인의 진로를 찾아볼 학생들이다. 정작 잘 듣고 고민하고 탐색해 보아야 할 학생들은 아쉽게도 수업 태도가 좋지 않아 진로 수업에서 중요한 것들을 못 듣고 놓친다. 그런데도 비슷한 수업을 받으면 "또 해요?"라고 묻는다.

이런 경우에 해결책은 있다. 불러서 앉혀놓고 1 대 1 상담을 하는 것이다. 그러면 놀랍게도 학생들은 많은 것을 쏟아낸다. 그리고 1 대 다수의 수업에서보다 훨씬 큰 수확을 얻는다. 그런데 진로 상담은 보통 1회로 그칠 수 없다. 자신에 대해 생각해 보고 다양한 분야를 탐색해 보고 그중 정말 원하는 적당한 분야가 어떤 것인지 찾아가는 과정이란 1회에 해결하기 어려운 일이다. 한 학생을 여러 번 불러서 상담하고 진로 결정을 하도록 상담하는 것은 현실적으로 학교 내에서는 거의 불가능하다. 전교생 수가 적은 학교라면 모르겠다.

진로 프로그램을 실시하고 학생들의 진로 선택을 돕는 일을 하면서, 학생들 스스로 진정 깊이 돌아보고 탐색하는 일은 안 되는 것인지 고민을 하게 되었다. 또 어떤 분야, 일, 학과를 선택할지도 중요하지만 긍정적인 마음, 기대, 성취 동기, 회복 탄력성, 자율성 등 진로 결정에 필요한 마음가짐을 가져야 진로에 대한 답을 찾는 데 훨씬 수월하다는 것도 절감하게 되었다. 어떻게 학생들에게 이런 마음을 갖게 할까? 어떻게 하면 다양한 분야의 깊은 정보를 줄 수 있을까? 어떻게 하면 보다 구체적이고 현실적인 진로 목표 설정에 도움을 줄 수 있을까?

진로 상담, 진로 체험, 진로 수업 등 다양한 방법이 있지만 그중에서 특히 '진로 독서'라는 프로그램을 제안한다. 진로 독서를 통해 자기 계발에 필요한 인성적 요소를 내면화시킬 수도 있고, 자기가 원하는 분야에 대한 구체적인 정보도 얻을 수 있으며, 다양한 분야의 정보를 얻을 수도 있다. 이 과정을 통해 얻게 되는 읽기 능력 향상은 덤이다.

이 책이 자유학기제부터 학생부 종합전형까지 진로 탐색과 결정이라는 떼려야 뗄 수 없는 과정을 거칠 학생들에게 넓고 깊은 도움이 되기를 소망한다.

윤소영

머리말 2

'시간은 금이다.'를 요즘 말로 바꾼다면 시간은 돈이다!

그럼 우리들의 잔고를 살펴보자. 저축 통장, 투자 통장, 휴지통!

일단 휴지통은 말할 것도 없이 시간을 의미 없이 보내서 낭비하는 일이다. 자신이 무엇을 위해, 무엇을 하며 시간을 보냈는지 인지하지 못한 시간들…. 바로 휴지통에 버린 시간들이다.

당신의 잔고는 어디에 얼마나 쌓여 있는가? 우선 잔고를 확인하려면 입금하는 방법부터 생각해 보자.

먼저 시간을 저축하는 방법은 무엇일까? 바로 공부. 공부하는 것이 저축 잔고를 늘리는 방법이다. 공부는 다른 사람이 결코 가져갈 수 없는 자신만의 것이다. 또한 반드시 한 만큼의 결과를 보여 준다. 성적은 절대 배신하지 않는다. 노력을 통해 지식을 늘리는 일이 곧 통장 잔고가 늘어나는 일이다.

그러면 투자는 무엇일까? 시간을 투자하는 것은 돈을 투자하는 것보다 훨씬 가치 있는 일이다. 금전을 투자하는 일에는 위험이 따르지만 시간은 그렇지 않다. 시간을 투자한 일에는 반드시 그 결과가 커져서 돌아온다.

그럼 저축보다 투자에 더 솔깃하지 않은가? 시간을 투자한다는 것은 어떤 의미일까?

시간을 어떤 내용으로 채우면 투자가 되는 것일까?

시간 투자에는 크게 두 가지 방법이 있다.

먼저 가장 많이 알려진 방법은 바로 독서이다. 독서는 많은 시간을 요구한다. 그러나 그 결과물은 투자한 시간 대비 훨씬 큰 열매를 가져다준다. 꾸준한 독서를 해 본 사람은 누구나 그 효과를 확인할 수 있다.

수많은 성현들과 위인, 성공한 사람들이 그 증거를 눈으로 확인시켜 준 일이기도 하다.

두 번째 방법은 진로 탐색이다. 자신의 꿈을 명확하게 인지하고 그 꿈을 위해 노력하는 일, 자신이 좋아하고 잘할 수 있는 일을 찾아 그 길을 속도감 있게 달리는 일은 생각만 해도 짜릿하다. 일찍 꿈을 찾아 노력하고 성공한 사람들의 삶을 보면 어떤 느낌이 드는가? 투자한 시간 대비 무한대의 큰 결실을 맺은 행복한 사람들을 우리는 자주 목격한다.

진로 독서는 바로 이 부분에 위치하는 일이다. 자신의 꿈을 탐색하고 그 꿈을 향한 지도를 그리고 달리는 일. 당신의 시간을 가장 승산이 큰 작업에 투자하기를 권한다.

관심 분야를 탐색하고 해당 분야의 책을 읽은 뒤 그 직업이나 진로 분야에 대한 세부적인 지식과 간접 경험을 하면 자신의 진로를 구체화시킬 수 있다.

진로 독서는 학생들에게 막연하게만 느껴지는 진로에 대해 좀 더 현실적인 계획 수립을 할 수 있게 도와준다.

주영아

*본문에서 제시한 도서에는 독서 수준에 따라 ★을 표시하였습니다.
★ : 가볍게 읽을 수 있는 수준(추천 학년 : 초등, 중등저학년)
★★ : 편하게 생각하며 읽을 수 있는 수준(추천 학년 : 중학생 전학년, 진로 입문 고등학생)
★★★ : 진로에 대한 깊이가 느껴지는 수준(추천 학년 : 중학생 전학년~고등학생)
★★★★ : 전문성을 높일 수 있는 책(추천 학년 : 고등학생, 관심 분야 지적 탐구심을 추구하는 중학생)

제1장

진로 독서의
동기를
마련하자

진로 독서!
왜 필요할까

　지금까지 "너의 꿈은 뭐니?", "어떻게 살아갈래?"라는 질문을 많이 받고 살았을 거야. 그만큼 진로 설계는 행복하게 살기 위해 무엇보다 중요한 삶의 나침반이기 때문이야. 이렇게 진로를 찾는 데에 가장 확실한 방법은 직접 경험해 보는 거야. 하지만 세상은 넓고 직업의 종류도 수만 가지에 이르지. 우리는 모든 길을 직접 가 볼 수는 없어. 모두 경험해 볼 수도 없고…. 이런 우리에게 책은 시간적, 공간적, 경제적 제약에서 자유롭게 해 주는 장치라고 할 수 있어.

　책 속 주인공은 너를 대신해 여행도 다니고 사람도 만나고 사랑도 하고 이별도 하지. 실패도 하고 성공도 하고 세상의 이치와 그것을 벗어났을 때 어떤 일이 생기는지도 말해 준단다. 수많은 등장인물을 통해 너와 다른 사람을 만나고 부대끼면서 이해하고 깨닫고 인정하는 법을 배울 수 있어.

독서를 통해 얻을 수 있는 것은 경험만이 아니야. 책 속에는 다양한 인물과 삶이 있고, 다양한 상황들이 펼쳐져. 이런 다양한 경험은 우리가 가지고 있는 편협한 시각에서 벗어나 새롭고 다양한 시각으로 세상을 보게 도와주지. 간접적인 이런 경험이 진로와 연관되면 어떤 분야에 대한 깊은 이해를 돕기도 하고, 우물 안 개구리에서 벗어나도록 다양한 삶을 살펴보는 방법을 알려 준단다. 진로를 선택하기 위해서는 자신에 대한 깊은 이해가 필요한데, 이야기 속에서 많은 생각을 하면 자신에 대한 사고력도 깊어지게 되지.

또 독서를 하면 많은 양의 정보를 접하게 되고 배경 지식을 쌓을 수 있어. 진로 선택에 있어 자아 탐색 못지않게 중요한 또 하나의 요소는 세상에 대한 이해란다. 다양한 분야의 직업 정보들을 통해 보다 정확한 직업 세계에 대해 알 수 있어. 인터넷 검색을 해 보면 많은 분야의 직업 세계를 알려 주는 도서들이 하루가 멀다 하고 쏟아지고 있지.

"나는 나의 길을 인도해 주는 유일한 램프를 가지고 있다. 그것은 경험이란 램프다."

– p.헨리

경험의 중요성

꿈을 이루기 위한 자격증에 도전

재연이는 초등 5학년부터 제과제빵 학원에 다니기 시작했다. 우연히 접한 책을 보고 초콜릿 아티스트가 되고 싶다는 꿈이 생기고부터이다. 어머니는 재연이를 영어, 수학 학원에 보내는 대신 자신이 하고 싶어 하는 제과제빵 학원에 보냈다. 재연이는 다섯 차례나 제과제빵사 시험에 떨어졌다. 재연이는 포기하고 싶었으나 6번째 시험에 도전했다. 6학년이 된 재연이는 여섯 번 만에 제과제빵사 시험에 합격했다. 학원에서 전문가 선생님들의 얘기를 들으며 확고하게 진로를 결정했다. 특성화고를 졸업하고 일본으로 유학을 가기로 했다. 재연이는 다음에 도전할 자격시험을 준비하면서 일본어 공부를 독학으로 하고 있다.

수학여행에서의 경험

수민이는 줄곧 화학 연구원의 꿈을 가지고 화학 관련된 공부를 열심히 하며 비교과 스펙을 쌓고 있었다. 그런데 문제는 고2 가을에 떠난 제주도 수학여행 이후 발생했다. 처음으로 발을 디딘 제주도 땅…. 그곳에서 수민이의 가슴이 뛰기 시작했다. 태어나서 그때처럼 가슴이 뛴 적은 없었다. 제주의 다양한 관광지, 관광 상품, 여행객들을 보면서 여행과 관련된 일을 하고 싶다는 갈망이 생겼다. 이때부터 여행과 관련된 진로를 알아보기 시작했다. 그러나 곧 고3이다. 지금까지 준비한 이력들은 화학과 관련된 스펙들이다. 어떻게 해야 할지 너무나 고민이 된다.

다양한 삶의 종류를 체험

민지는 어릴 때부터 어머니가 다양한 현장으로 체험 학습을 데리고 다녔다. 체험과 경험이 중요하다고 판단한 어머니는 민지가 고등학생이 되어도 체험 학습을 멈추지 않았다. 큰 종합병원, 작은 개인병원, 법원, 대기업, 중소기업, 명문대, 지방 전문대, 좋은 호텔과 좋은 집, 쓰러져 가는 집 등 다양한 삶의 종류를 체험을 통해 만날 수 있었다. 어느 날 민지가 진로를 정했다고 했다. 종합병원에서 본 의사의 모습, 거기서 내가 할 역할, 내가 이 사회에서 할 역할을 알았다고 했다. 종합병원 의사로 목표를 정한 민지는 의대에 가기 위해 고1 때 4등급에서 고3 때는 전국 0.1% 안에 들 정도로 성적을 올렸다. 학원을 한 번도 다니지 않고 부모님이 공부하란 얘기를 한 번도 한 적이 없는데도 말이다.

이러한 이야기들은 경험의 중요성을 알려 주는 이야기들이야. 그런데 아까 얘기한 것처럼 이런 나에게 적합한 경험들을 학교나 가정에서 도와주기는 해도 다 시켜 주지는 않아. 그리고 모든 경험을 다 해 볼 수 없다면 나에게 꼭 필요한 경험으로 추린 후에 경험해 보는 것이 좋지 않을까? 진로 독서를 통해 네가 꼭 경험해야 할 분야, 그리고 경험해 보고 싶지만 그러기 어려운 분야까지 가 볼 수 있어. 이제는 책을 읽어야만 하니까 읽는 것이 아니라 너의 인생을 위해서 책을 만나면 어떨까? 시간도 없는데 되는 대로 읽지는 마! 세상엔 책이 너무 많아….

자신에게 꼭 필요한 책을 읽어라

너에게 필요한 책을 읽도록 해.

그럼 어떤 책이 나의 진로에 도움이 될까?

진로 독서 탐색에서는 다양한 직업이나 각자의 성향에 따른 책과 독서 방법을 많이 다룰 거야. 그런데 진로를 선택하는 데는 자아 탐색이나 직업 정보 이해뿐만 아니라 자신감, 자아 효능감, 긍정적인 마인드, 도전 정신 등 여러 가지 인성 요소가 필요해. 바르고 긍정적인 인성은 실생활에서 자기 스스로 또는 주위 사람들의 영향으로 키워지기도 하지만 독서를 통해서 더욱 깊이 있게 접할 수 있어. 성공한 사람들의 경험을 통해 자신감의 중요성을 느끼기도 하고, 나보다 어려운 상황에 처한 사람의 성공 스토리에서 자아 효능감을 얻기도 해. 또 실패에도 불구하고 다시 일어선 사람들을 보며 긍정적인 마인드의 중요성을 깨닫고 더 건강한 정신을 키우는 방법을 배울 수 있어. 때로는 말이나 경험보다 더 깊은 인생의 교훈을 독서를 통해 얻을 수도 있을 거야.

진로 설계에
꼭 필요한 과정

자아에 대한 이해

　진로 탐색 과정에서 가장 먼저 필요한 능력은 자신에 대한 정확한 이해야. 이 과정을 소홀히 하게 되면 겉으로 멋있어 보이는 직업에 대한 환상만으로 직업 선택이 자주 바뀌기도 하고, 선택한 직업의 성향과 자신의 성격이 맞지 않아 힘들어하는 경우도 많아.

　자신에 대한 정확한 이해를 위해 '나는 누구인가', '나는 어떤 사람인가'에 대한 물음을 던지고 답을 찾는 과정은 합리적인 직업 선택과 진로 설정을 위해 반드시 필요해. 자아를 탐색하는 방법에는 스스로의 물음에 대한 답을 찾는 과정과 진로 검사를 통한 객관적인 진로 검사를 하는 방법이 있어.

　주관적인 진로를 탐색하기 위해 평소에 내가 무엇을 좋아하고 싫어하는지, 어떤 상황일 때 기분이 좋은지, 어떤 상황일 때 기분이 나쁜지 등 상황을 받아들이는 자신의 태도에 관심을 기울여야 해.

예를 들어 다른 사람이 시키는 일을 할 때 기분이 특별히 더 나쁘고 하기 싫은 마음이 남보다 더 강하다면 자율성을 중요시하는 성격이고, 주어진 일을 할 때보다 독창적으로 생각하고 아이디어를 짜는 일을 좋아한다면 창의적인 일을 좋아하는 성격인 거지. 새로운 아이디어를 생각하는 일은 머리가 좀 아프지만 주어진 일을 묵묵히 수행하는 성격도 있어. 이러한 자신만의 특성을 인식하고 이해하는 것은 너에게 맞는 일을 찾기 위한 가장 중요한 일이야.

자아 정체성 탐색이 전제되지 않은 진로 선택

성적이 아닌 적성이 중요

흔히 의사가 되려면 공부를 잘해야 하고 탐구적인 흥미가 있어야 한다고 생각하기 쉽다. 그런데 의대에 갈 학생들은 봉사 정신이 있어야 한다. 타인의 생명과 건강의 소중함을 위해 힘든 교육 과정을 참고 견딜 사명감이 있어야 한다는 것이다. 어떤 입시 컨설턴트는 한 학생을 의대로 진로를 정해 줬다가 2년 후 부모로부터 항의 전화를 받았다고 한다. 의대 공부가 적성에 맞지 않아 포기하려는 아들을 보며 "왜 우리 아이의 성향을 파악하지도 않고 의대에 보냈냐?"는 것이다. 학생은 초등학교 때부터 부모님의 바람대로 의사를 꿈꿔 왔다. 줄곧 공부도 열심히 해서 원하는 의대에 붙었다. 무엇이 잘못되었을까? 누구의 잘못일까?

틀에 맞춘 목표

한 어머니는 아들을 유명한 공대에 입학시키고 나서 고민이 시작되었다. 아들은 누구나 부러워하는 수재들이 입학하는 대학과 학과에 입학했지만 자신에게 맞지 않는 선택을 한 것 같다며 방황하기 시작했다. 어르고 달래 보았지만 아들은 휴학을 몇 년 거듭하다가 군대에 입대했다. 2년 동안 자아에 대한 꾸준한 고민과 탐색 끝에 진정 자신이 하고 싶은 분야를 설정하고 나왔다. 전 세계 난민과 기아에 고민하는 어린이들을 도와주는 사람이 되겠다는 목표가 생겼다. 아들은 인문대학원에 진학했다. 어릴 적 줄곧 외교관이 되겠다던 아이는 중학교 때 수학 경시 대회에 입상을 하면서부터 주위 여건과 바람으로 과고와 공대를 목표로 하는 아이로 키워졌던 것이다. 남을 도와주길 좋아하던 외교관이 꿈이던 아이는 결국 오랜 시간과 투자라는 대가를 지불하고 먼 길을 돌아 자신이 진정 원하는 꿈을 찾아갔다.

외부 세계에 대한 이해

외부에 대한 이해는 직업과 학과 등에 대한 정확한 이해를 말하는 거야. 학생들이 선호하는 직업은 겉으로 보기에 멋있어 보이고 좋아 보이는 직업인 경우가 많아.

직업이나 배울 공부에 대한 정확한 이해가 없는 진로 선택은 실망감을 주거나 직업 만족도와 행복감, 성취감을 떨어뜨릴 수밖에 없어.

직업에 대한 정확한 특성을 파악하는 탐색 시간은 자아에 대한 탐색만큼 중요해. 직업 탐색 방법은 커리어넷이나 워크넷의 직업 정보를 검색하는 방법이 가장 일반적이고, 관련 도서를 읽어 보거나 직업카드를 이용해서 놀이식으로 탐색해 볼 수도 있어.

중요한 것은 겉으로 보이는 직업의 느낌이나 연봉만 생각할 것이 아니라 정확히 그 직업이 하는 일, 좋은 점, 힘든 점, 되는 길, 필요한 공부, 직업 가치관 등을 모두 탐색해야 한다는 거야. 그리고 직업을 가지기 위한 과정과 직업 가치관, 자신의 가치관을 연결시켜 보는 일이 필요해.

학년이 높아지면 대학 학과와 전공과목에 대한 탐색도 해야 해.

어떻게 하냐고? 계속 이 책을 따라오면 돼! 필요한 탐색 과정을 함께해 줄게.

💡 진로에 필요한 키워드

· 꿈 · 목표 · 직업 · 자아 정체감 · 자기 효능감 · 도전 의식 · 자신감
· 자존감 · 흥미 · 적성 · 가치관 · 성격 · 성취감 · 만족도 · 행복 · 회복 탄력성
· 경험 · 체험 · 비전 · 노력 · 열정 · 창의성 · 자율성 · 믿음 · 상상력 · 끈기

자신과 미래를 연결해 주는 비전

이제 자신이 어떤 사람인지 알았어. 그리고 미래에 어떤 일을 하고 싶은지도 탐색해 보았어. 그럼 이제 노력만 하면 되겠네? 그런데 그게 쉽지 않을 거야. 왜냐하면 '내가 생각하는 나'는 생각보다 그리 대단해 보이지 않을 때도 있고, 하고 싶은 일을 하게 되기까지는 생각보다 어렵다는 것을 깨달았기 때문이지.

자, 그럼 이제 무엇이 필요할까? 미래에 대한 모습은 지금의 마음가짐이 거울처럼 반영된 거래. 그리고 아이디어를 현실화시키려면 뚜렷이 마음속에 그릴 수 있어야 해. 바로 '비전'이 필요한 거지. '비전'이란 말이 낯설다면 이렇게 생각하면 돼. '자신이 꿈꾸는 미래의 청사진', '자신이 도달해야 할 바람직한 미래를 자세히 기술해 놓은 것', '목표가 달성되었을 때 실현되는 최종 상태와 그 가치를 달성했을 때 사회적 효과'라고 말이야.

비전을 찾으려면 내가 원하는 미래를 생생하게 그리는 일이 필요해. 또 내가 이루고자 하는 사회적 역할, 즉 사명도 필요해. 이런 비전이 있는 친구는 지금 현실이 조금 어려워도, 미래가 불안하게 느껴져도 비전을 보고 갈 수 있는 '진로 방향을 찾는 능력'이 있는 친구들이야. 내가 무엇을 해야 하는지 명확히 그리고 있기 때문에 계획을 세우기도 쉽고, 열정과 자신감을 갖게 해 주거든.

비전을 찾고 싶다면 다음과 같은 질문에 대답하는 연습을 하면 돼.

비전	하고 싶은 것	유형 : 집, 돈, 차	
		무형 : 행복, 사랑	
	하고 싶은 것	공헌하고 싶은 것	
		성취하고 싶은 것	
	하고 싶은 것	직업	
		닮고 싶은 사람	

◎ 비전 버킷 리스트 연계 도서 탐색

먼저 자신만의 버킷 리스트를 만든 다음 이와 관련된 정보가 있는 도서를 찾아 읽고 꿈을 이루는 데 필요한 구체적인 정보를 탐색해 보자.

버킷 리스트	연계 도서 목록
스페인 여행하기	『베스트 오브 스페인 101』 이재환, TERRA, 2014 ★★ 『스페인 소도시 여행』 박정은, 시공사, 2012 ★★★
책 출판하기	『나는 작가가 되기로 했다』 경향신문 문화부, 메디치미디어, 2015 ★★★ 『유시민의 글쓰기 특강』 유시민, 생각의길, 2015 ★★★★
엑셀과 파워포인트 실력 업그레이드 하기	『엑셀 파워포인트 워드 2016 무작정 따라하기』 박미정, 박은진, 길벗, 2016 ★★★
통장 잔고 1억 만들기	『세상 모든 왕비를 위한 재테크』 권선영, 길벗, 2008 ★★ 『부자의 그릇』 이즈미 마사토, 다산3.0, 2015 ★★ 『어떻게 원하는 것을 얻는가』 스튜어트 다이아몬드, 8.0, 2011 ★★★★
사람들 앞에서 강의하기	『탁월한 인재로 키워주는 누구나 강사되기』 송민열, 이담북스, 2011 ★★★ 『떨리는 강사 설레는 강사』 이의용, 학지사, 2014 ★★★
나만의 집 짓기	『김병만의 집 꿈꾸다 짓다 살다』 김병만, 박정진, Dreamday, 2013 ★★ 『아파트 버리고 살고 싶은 집 짓기』 니시야마 데츠로, 아름다운사람들, 2014 ★★★★
전국일주	『주말여행 버킷 리스트 99』 김혜영, 시공사, 2014 ★★ 『차 없이 떠나는 주말여행 코스북』 김남경, 김수진, 박은하, 길벗, 2014 ★★
내가 디자인 한 옷 만들기	『옷을 만드는 행복한 시간』 홍성자, 성안당, 2015 ★★ 『내추럴 스타일 원피스 : 쉬운 재단, 멋진 스타일』 부티크사 편집부, 리스컴, 2015 ★★★★
채소 직접 길러 먹기	『도시농부 바람길의 자급자족 농사일기』 여태동, 북마크, 2013 ★★★ 『텃밭백과 : 유기농 채소 기르기』 박원만 . 들녘, 2007 ★★★

◎ 나의 버킷 리스트와 연계 도서

버킷 리스트	연계 도서 목록

진로 발달 단계

나는 어느 단계에 있을까

어릴 때 대통령이 되고 싶거나 왕이 되고 싶었던 적은 없었어? 어릴 때 가졌던 꿈이 모두 허황된 바람이 아니라 그땐 그럴 만한 시기였던 거야. 피터 팬이 되고 싶다는 환상기를 거쳤다고 생각하면 돼. 이제 좀 더 자라니까 어때? 자신과 진로에 대한 시각이 변화하는 것이 느껴지지 않니?

이런 변화 과정에서 스스로에 대한 이해와 세상에 대한 이해가 만나면서 어떻게 살아가야 할지 생각하고 자신의 삶을 설계하고 실천으로 옮기는 방법을 배우게 되지. 자신에게 필요한 진로 독서를 하기 전에 자신이 현재 어느 진로 발달 단계에 있는지 아는 것도 도움이 돼. 난 지금 어느 단계에 있을까?

환상기(~10세) : 내가 하고 싶으면 될 수 있다

피터팬이 될 거야!

6살 우주는 얼마 전 엄마가 읽어 준 피터팬이 정말 좋다. 자라서 피터팬이 될 거란다. 초록색 모자와 신발을 신고 집안을 날아다니는 흉내를 낸다. 졸지에 아빠는 후크 선장이 된다. 안타깝게도 엄마는 웬디가 될 수 없다. 엉망이 된 집안을 우당탕탕 뛰어다니는 아들을 보면 도저히 웬디 같은 착한 표정이 안 나온다. 아무리 참으려고 해도 북쪽 마녀가 최선이다. 하지만 그나마도 곧 서쪽 마녀로 변하기 일쑤다.

지금은 모두들 지났겠지만 유년기에 내가 하고 싶으면 뭐든지 될 수 있다고 생각한 환상기를 거쳐 왔어. 대통령이나 공주, 왕도 되고 싶었던 시기도 있었을 거야. 내 능력, 흥미, 가치와 상관없이 부럽고 좋아 보이는 건 하고 싶은 시기지.

흥미 단계(11~12세) : 나에게 어떤 것은 좋고 어떤 것은 좋지 않구나

영화배우가 될 거야!

12살 수빈이는 엘사의 드레스가 입고 싶다. 엄마에게 사 달라고 말했다가 핀잔만 들었다. "네가 몇 살인데 그런 말도 안 되는 옷을 입겠다는 거야? 그건 유치원생들이나 입는 거지!"

그래도 하늘빛 드레스는 정말 예쁘다. '자라버리면 그런 드레스는 입을 수 없는 걸까? 영화배우가 될까? 가수는 어떨까?' 예쁜 드레스를 입은 연예인들이 레드카펫을 걷는다.

'멋지다! 바로 저거야!'

이제 아이는 날 수 없는 피터팬의 한계를 알고 생각보다 할 수 없는 것이 많다는 것도 알게 돼. 슬픈 일이지? 하지만 그러면서 점차 꿈은 현실과 가까워지고 자신이 좋아하는 것들에 관심을 갖게 되고 진짜 꿈에 가까워지는 단계이기도 해.

포기하거나 우울해하지 마! 할 수 없는 것들이 많아 보이지만 그것은 일부분일 뿐이야. 불가능을 가능하게 하는 것 또한 인간이 가진 특별한 힘이지. 내가 좋아하는 것과 그렇지 않은 것을 스스로 잘 생각하고 살아야 더 좋아하는 일을 선택하는 기회도 생겨. 자신의 흥미에 대해 관심을 가지자. 정말 원하고 좋아하는 일이라면 가능하게 하는 방법을 찾는 도전이 더 신나는 삶을 만들어 줄 거야.

능력 단계(12~14세) : 내가 좋아한다고 다 할 수 있는 건 아니구나

숙제나 해야겠다

14살 현서는 학교 성적이 상위권이다. 공부가 재미있는 건 아니지만 그렇다고 공부 말고 푹 빠질 만한 취미나 흥미가 있는 것도 아니다. 엄마는 날마다 생각이 바뀐다. '수학을 잘하니 의사가 좋을까? 아직 어리니까 책을 더 많이 읽게 해서 변호사나 외교관을 시키는 건 어떨까?'하고 생각해 본다. 그런 엄마의 생각에 현서도 동의한다. 딱히 재미있는 분야가 아직은 없지만 의사가 되려면 대학교를 더 오래 다녀야 된다는 이야기를 들은 뒤로 의사보단 외교관이 낫겠다는 생각이 들기도 한다. '그런데 외교관이 되려면 영어 공부를 더 열심히 해야 되는 건가? 다른 건 없을까?' 머릿속이 복잡해진다. '에이… 숙제나 해야겠다.'

이 시기는 자신이 흥미를 느끼는 분야에서 성공을 거둘 수 있는 능력을 지니고 있는지 생각하고 시험해 보기 시작하는 시기야. 세상에는 다양한 직업이 있고 직업에 따라 수입도 다르고 필요로 하는 교육이나 과정도 각기 다르다는 것을 이해하기 시작하지.

그런데 쉽지 않아. 우리나라 학생들은 해야 할 것이 너무 많지? 시험, 학원, 숙제, 거기에 꿈 찾기까지…. 그래서 우선 앞에 놓인 과제를 해내느라 바빠서 꿈은 늘 뒤로 미뤄지고 공부만 열심히 하면 꿈이 이뤄질 거라고 막연히 생각하고 어른들도 그렇게 말해.

너도 그 생각에 동의하니? 공부를 열심히 해서 성적만 좋으면 꿈이 저절로 나에게 올까? 내 꿈을 이루기 위해 또는 꿈을 가지기 위한 능력을 인식했다면 공부를 열심히 하면 될 것 같지만 그게 쉽진 않지? 공부가 꿈을 직접 가져다주진 않아. 좋은 성적은 너에게 더 많은 기회와 선택지를 줄 수는 있어. 공부는 힘든 일이야. 어쩌면 지금은 세상에서 제일 힘든 일이 공부처럼 느껴질지도 몰라. 그런 힘든 공부를 무작정 하는 건 오래가지 못할 거야.

공부는 평생 해야 하는 마라톤 같은 거야. 긴 인생에 짧은 시간 전력 질주

하다가는 목적지에 닿기 전에 지쳐 쓰러지거나 포기하고 싶어질지도 몰라. 주어진 일에 최선을 다하는 것은 멋진 일이지만 그 일을 왜 하고, 열심히 해서 얻고자 하는 게 뭔지 꿈을 찾는 노력도 공부만큼 중요하다는 거야.

기억해! 이때는 자신의 꿈에 필요한 능력을 인식하기 시작하는 만큼 포기하기 쉬운데, 절대 포기하지 말고 원하는 걸 이루기 위해 필요한 걸 갖출 수 있다고 자신감 갖기! 그리고 공부를 해야 하니까 하지 말고, 공부하는 목적을 찾는 노력을 함께한다면 원하는 능력을 가질 수 있다는 걸. 아직 원하는 목표를 이루기까지 몇 십 년도 더 많은 시간이 너의 앞에 있어.

가치 단계(15~16세) : 나에게 소중한 가치관이 뭘까

상담 선생님이 되고 싶어요

준혁이는 얼마 전 친구와 다툰 일로 상담 선생님과 이야기를 나눈 적이 있다. 이상하게도 상담 선생님이랑 이야기하다 보니 이런저런 마음속 이야기를 모두 하게 된다. 부모님과 다툰 이야기, 성적 이야기, 친구 이야기…. '어? 내가 왜 이런 이야기까지 하지?'하는 생각이 들면서도 마음이 편해지고 뭔가 일이 술술 잘 풀릴 것 같고 자신이 상당히 중요한 사람이라는 기분도 들었다. 준혁이는 그렇게 몇 번을 선생님을 만나면서 선생님처럼 되고 싶다는 생각이 들었다. 그래서 자신처럼 머릿속이 복잡한 친구들을 도와주고 싶다.

'상담 선생님이 되려면 무슨 과목 공부를 잘해야 할까? 어떤 책을 읽는 것이 도움이 될까? 대학 전공은 무얼 선택해야 하는 거지?'

이 시기가 되면 직업을 선택할 때 고려해야 하는 다양한 요인들을 이해하게 돼. 자신이 관심이 생기는 직업에 대해 자신의 가치관과 생애 목표에 비추어 평가하고 설계할 수 있는 때가 된 거야.

당연히 이 시기가 되면 흥미나 능력뿐만 아니라 내 인생에서 소중한 가치관, 관심 직업이 가져다주는 가치관, 내 인생의 목표 등을 생각해 보는 게 필요하겠지?

학생들에게 희망 직업을 선택한 이유를 물어보면 대부분 돈을 많이 벌고 싶어서라고 해. 돈을 많이 벌고 싶다는 것이 나쁘다는 건 아니야. 지극히 현실적인 문제라고 생각하지만 삶의 질이나 성공의 기준을 한 가지 조건만으로 결정하는 것은 어리석고 위험한 일이란다.

아직 직업에 대한 가치관이 형성되지 않은 이 시기는 독서를 통해 세상을 보는 관점과 올바른 가치관의 형성이 필요해. 특정 분야에 머무르지 않는 다양한 종류의 책을 접하고 즐거운 독후 활동으로 연결하는 것이 좋아. 쉽고 간단한 독후 활동을 하면서 책 속에서 길 찾는 방법을 실습해 봐야 해.

책을 읽고 그 책을 읽은 느낌이나 기억에 남는 문장, 또는 등장인물에게 하고 싶은 이야기를 한 줄로 쓰는 것부터 시작하자. 한 권에 한 줄이라면 부담을 느끼지 않고 실천할 수 있어. 부모님과 같은 책을 읽고 각자의 한 줄평을 붙여 보는 활동도 재미있는 일이 될 거야.

과도한 독후감을 쓰는 일은 오히려 독서 자체에 흥미를 잃어버릴 수도 있고 독후 활동에 거부감을 갖게 될 수도 있어. 분량에 얽매이지 말고 자신의 생각에 초점을 맞추자. 시간이 흐르면 한 줄씩의 문장이 쌓이게 되고 모여진 문장을 보면서 자신의 생각이나 앞으로의 방향에 대해 생각하기 시작하게 될 거야.

전환 단계(17~18세) : 자신에게 맞는 직업을 생각하고 책임 의식을 가지는 단계

피터팬은 뭐 먹고 살아요?

"어렸을 때부터 쭉 성적이 좋아서 부모님은 의사가 되기를 바라세요. 저도 그 생각에 별로 불만이 없었어요. 사회적으로 존경받는 직업이고 성공의 확실한 증거이기도 하잖아요? 세상에 도움이 되는 일이기도 하고요. 그런데 의대에 입학하는 것 자체가 일단 치열한 성적, 경쟁에서 이겨야 하고 학교 과정도 다른 전공보다 훨씬 길더라고요. 그래도 뭐 확실한 성공이 보장된다면 한 번 달려 볼 만하다고 생각했는데 얼마 전 TV 프로그램에서 병원 폐업과 불법, 탈법 영업에 대한 현실을 다룬 프로그램을 봤어요. 한마디로 충격 그 자체였어요. 물론 '국경 없는 의사회'나 가난한 사람들을 위해 의술을 펼치는 훌륭한 의사들의 전기를 모르지는 않아요. 하지만 전 그렇게 특별하거나 훌륭한 사람은 아닌 것 같아요. 뭐 먹고 살아요? 긴 시간 저를 위해 살아오신 부모님은요? 내 가족은요?"

자신이 원하는 것, 흥미, 능력, 가치, 직업적인 기회 등을 살피면서 잠정적인 진로의 기초를 다지는 시기야. 그리고 차츰 현실적, 외적 요인들로 관심의 폭이 넓어져. 직업 선택에 대한 결정과 진로 선택에 따르는 책임 의식을 깨닫게 되는 때이기도 해.

이 시기 너에게 가장 중요한 과제는 자신의 삶의 방향이 되는 직업 가치관 확립과 자신의 진로에 대한 지도 제작이야. 꿈을 찾는 보물 지도가 되는 거지.

하고 싶은 일이 아직은 한 가지가 아니라 여러 가지인 사람은 가볍게 아래
와 같은 확인 작업을 거쳐 봐. 진로 발달 단계에 따른 직업 선택 기준을 적
용해서 한번 관심 직업을 추려 보자. 아마 진로 선택에 있어 조금 성숙해지
는 느낌을 받을 거야. 피라미드의 아래 칸부터 직접 써넣어 봐.

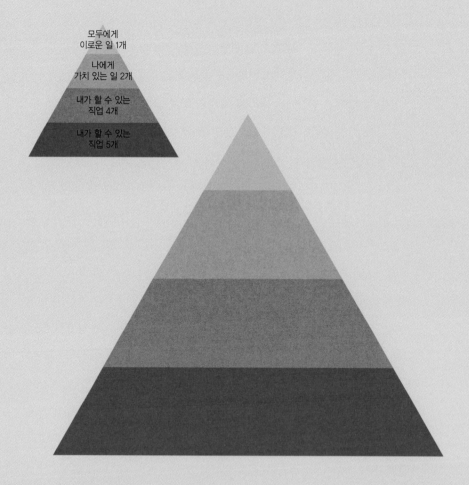

모두에게
이로운 일 1개

나에게
가치 있는 일 2개

내가 할 수 있는
직업 4개

내가 할 수 있는
직업 5개

중학생!
무작정 읽지 마라

최근 중학교 교육은 진로 지도와 인성 지도의 중요성이 강조되고 있어. '자유학기제'가 실시되면서 진로 탐구는 이제 중학교 교과 과정의 하나로 인식해야 할 만큼 비중이 큰 활동이 되었어. 진로 체험과 함께 다양한 분야의 책을 통해 진로에 대한 생각과 관심들을 확장시켜 나가는 독서 활동이 중학생 시기에 해야 할 중요한 부분이야. 바른 인성을 위한 인문학 도서와 진로에 탐구가 이뤄지는 독서 활동을 권장하고 있지.

중학생 시기에 반드시 챙겨야 할 필수 요소는 인성이야! 인성이 바르게 형성되지 않으면 세상을 바라보는 시각이 비뚤어지고 진로 탐색 및 진로 설정을 하는 출발부터 삐딱한 방향으로 향하게 되지. 그러면 결코 올바르고 성실한 진로 로드맵을 그려낼 수 없어. 잘못 그려진 로드맵대로 따라가다 보면 도처에 자리하고 있는 인생의 함정에 빠지고 말 거야. 나중에 "이 산이 아닌가 봐!"를 외치고 있을지도 몰라. 때로는 바르게 그려진 지도라도 함정은 곳곳에 있을 거야. 하지만 겁먹을 필요는 없어. 다시 빠져나오는 과정 또한 진짜 꿈을 찾은 다음에는 흥미로운 인생의 에피소드가 될 뿐이니까.

진로를 찾아 헤매는 과정에서 필요한 것 역시 인성이지. 포기하지 않는 의지, 제대로 살고 싶은 바른 마음… 이런 게 인성이니까.

그런데 이런 바른 인성을 가지기 위해 학교 공부와 학원, 숙제, 사춘기 질풍노도의 시기에 스스로 갖게 되는 것은 쉽지 않은 일이지? 그래서 너에겐 삶을 긍정적으로 살아간 사람들의 이야기, 어려움을 극복한 가치 있는 삶의 이야기, 다양한 삶의 방식을 이해하는 이야기 등이 나오는 독서가 필요해. '비전을 가져라, 꿈을 크게 가져라, 힘들어도 포기하지 말라'는 얘기를 듣긴 하지만 직접 보고 듣지 않고서는 먼 나라 사람의 이야기로 들릴 수도 있어. 그런데 말이야, 그런 이야기들을 꾸준히 접하다 보면 어느새 나도 그 사람들처럼 하고 싶은 사람이 되어 있을 거야. 무엇보다 소중한 인생을 살아가는 힘을 키울 수 있단다.

또 최근에는 한 분야의 지식을 가진 사람보다는 다양한 지식을 가진 융합적 사고가 가능한 인재의 필요성이 강조되고 있어. 이런 깊이 있는 사고력을 키우고 시야를 넓히는 데 필수적인 방법도 책 읽기야. 권장 도서가 넘쳐나는 시기에 어떤 책으로 독서를 시작하는 것이 좋을지 갈피를 잡지 못하는 경우가 많아.

무작정 독서량을 채우기 위해 이해하기 어렵고 흥미도 없는 두꺼운 책을 들고 다니는 학생들을 볼 때마다 씁쓸한 생각이 든단다. 책을 베개 대용이나 냄비 받침으로 쓴다는 친구도 봤어. 이 책을 냄비 받침으로 쓰는 것을 반대하지 않아. 항상 너와 가까운 곳에 이 책이 있으면 좋겠어.

처음 독서를 시작할 때는 가벼운 작품들로 시작하는 것이 좋아. 그러면서도 교과 과정에 필요한 상식과 삶의 깊이도 동시에 채울 수 있는 책들로 우리나라 1920~1930년대에 출간된 신문학 초창기 작품들을 권해. 이 시기 단편 문학에는 그 시대의 문화, 정서, 생활과 사고방식 그리고 지역적 특성 등이 총체적으로 반영되어 있어. 짧은 시간에 읽을 수 있어서 부담스럽지 않고 중학생이 알아야 할 것들이 자연스럽게 그 속에 담겨 있어.

1920~1930년대 시대적 배경 지식이 조금 생기면 박경리의 『토지』, 최명희의 『혼불』 등 장편에 도전해 보는 것도 좋아. 그리고 독서에 익숙해지면 고전 독서를 시작해 봐. 고전은 옛날 책과 전문가가 써서 호평 받은 책을 모두 포함해. 객관적으로 검증된 고전은 더 없이 좋은 독서 자료란다. 나도 고전들을 읽은 후에 독서 내공이 깊어지고 인생을 바라보는 시각도 달라지는 것을 경험했거든. 한번 읽은 고전은 살아가면서 두고두고 다시 읽게 되는 특별한 경험을 하게 될 거야. 너의 길을 가는 동안의 나침반이 되기도 하지.

타인의 권유가 아닌 자신의 관심에서 출발한 책을 읽고 다양한 매체를 사용하여 생각을 키우는 독후 활동 과정이 필요해. 만화, 편지 쓰기, 마인드맵, 서평 등 자신이 선호하는 독후 활동 과정을 통해서 책에서 읽고 배운 것을 자신의 것으로 소화하고 자신만의 창의적인 생각으로 확장시켜 나가는 것이 중요해. 직접 서점이나 도서관으로 가길 바라. 어른들의 기준으로 권하는 책 말고 네가 직접 고른 책이 필요한 거야.

책을 읽는 것은 입력 작업이고 독후 활동을 거친 후 자신이 내놓는 쓰기나 말하기, 자료 정리는 출력 작업이야. 처음에는 출력 작업이 어렵고 낯설겠지만 꾸준한 독서와 독후 활동을 하다 보면 어느새 너의 생각을 다양한 형태로 자유롭게 표현할 수 있게 될 거야.

고등학생! 의미 있는 독서로
학생부를 빛나게 하라

 학생부 종합전형이 확대되면서 생활기록부 관리가 입시의 중요한 요소로 꼽히고 있어. 생활기록부의 내용 중 선생님이 기록하는 창의적 체험 활동이나 세부 특기, 종합 의견 등과 달리 독후 활동은 학생이 스스로 독서 활동 기록을 제출하면 선생님이 기재해 준다는 점에서 학생이 직접 채울 수 있는 부분이야.

 너의 꿈에 대해 확실하게 입시 평가자에게 전달할 수 있는 방법이 될 테니 무작정 일반적인 권장 도서를 읽는 건 현명한 일이 아니겠지?

 서울대학교는 자기소개서 4번 자율 문항에 '자신에게 가장 큰 영향을 준 책 3권을 기술하라'라는 것이 있어. 이처럼 상위권 대학일수록 학생의 독서 활동을 중시하는 경향이 있어. 그만큼 독서를 통해 학생의 사고력을 보려고 한다는 거지. 사고력이야말로 대학 공부뿐만 아니라 사회에서 필요한 인재로 키우는 데 필수 요소이기 때문이야.

입시 평가자들은 학생부의 독서 활동 기록이 학생의 지적 능력부터 주된 관심사, 자기 주도 학습 성향, 삶의 가치관을 알아 볼 수 있는 좋은 자료라고 생각해. 그러니까 단순한 흥미 위주의 독서보다 자신을 잘 표현할 수 있는 도서 선정과 독후 활동을 충실하게 기록하는 작업이 필요하지.

또한 의무적이고 형식적인 다독보다 자신을 발전시키고 성장시키는 탐독과 독후 활동이 이루어져야 해. 대다수 성공한 사람들의 스토리에는 자신의 삶에 영향을 끼친 책이 등장해. 적극적인 독서는 관련 분야에 대한 지식을 쌓고 관심 분야를 넓히면서 미래에 대한 방향을 찾는 데 꼭 필요한 활동이야.

입시 평가자들은 이러한 과정에 좋은 평가를 주는 경향이 있기 때문에 도서를 선정할 때 자신의 진로와 관련된 책을 탐색하고 골라 읽는 것이 좋아. 독서 활동 기록은 관심 분야에 대한 적극성과 탐구 과정을 평가하는 주요 자료로 쓰이기 때문에 자신의 스토리와 연결되는 독서 활동을 하는 것이 유리해. 일관성 없는 다독의 자취는 입시 평가자에게 인상적인 느낌을 주지 못해. 꿈을 찾기 위해 노력한 흔적과 관심 분야에 대한 적극적 탐색, 그리고 자신의 능력을 성장시키기 위한 과정을 보여 줄 수 있는 일관성 있는 독서 활동 기록이 필요해.

소논문 쓰기, 독서 동아리, 진로 활동 등과 연계한 독서, 교내 논문 대회, 프로젝트 탐구 등의 과정을 통한 독서 활동을 독서 포트폴리오로 만들어 두면 입학 전형에 소중한 자료로 활용할 수 있어. 또 그 과정 자체가 자신을 한층 더 발전시키는 계기가 되는 건 당연하겠지?

조심해야 할 것은 지나치게 자신의 진로와 관련된 독서에만 치중한다면 특정 분야에 편중된 독서가 되어 편향된 사고를 하게 될 위험이 있고, 융합 인재 발굴에 무게가 실리고 있는 입시 분위기에 오히려 불리해질 수도 있어. 역시 편식은 좋은 게 아니지? 지식을 쌓는 독서와 마음을 기르는 독서, 꿈을 따라가는 독서를 적당하게 배분해야 해.

학생부 '독서 활동 상황'란에는 독서 성향과 책 제목, 저자를 '도서명(저자)'의 형식으로 기록하는 거야. 교과별로 주요 5개 과목으로 분류해서 과목과 연계 독서는 각 과목 담당 선생님이 기록하실 거야. 인문, 사회, 자연과학, 문화예술 4개 영역 등 특정 교과에 해당되지 않을 경우는 '공통'으로 구분해 담임 선생님이 기록한단다.

교과별 기재는 다양한 영역별, 교과별 독서를 지속적으로 진행해서 균형을 맞추는 것이 중요해. 다양한 분야의 독서를 한다 해도 학생부에는 자신의 진로와 연계해 느끼고 배운 점을 기입하는 것이 좋아.

독서 활동 상황은 학교에 따라 독서 기록장, 독서 포트폴리오, 독서 교육 종합 지원 시스템 자료를 근거로 입력하고, 각 독서 자료는 학생 개인이 보관하게 되지.

풍부한 독서 내용은 학생이 가진 학문을 배울 수 있는 능력과 배경 지식, 전공에 대한 적합성을 보여 줄 수 있는 도구가 되는 거야. 성적에 비해서 독서량이 과도하게 적은 학생은 깊이 있는 학습을 수행하기에 부족한 사람으로 보일 수 있어. 입시에 필요한 성적 위주의 학습에만 치우친 수동적이고 편협한 사고를 하는 학생으로 보여 부정적인 인상을 줄 수 있는 거지.

자신의 진로와 관련된 책과 교과와 연계성을 가진 책들을 적절히 읽어 학교 생활기록부에 성실하고 호기심 많은 학생이라는 것을 나타내는 것은 중요한 일이야. 고등학교 때의 독서 활동은 입시에 중요한 부분을 차지하지만 단순히 줄거리만 정리한 독서 기록은 자신을 잘 나타낼 수 없어. 읽은 책의 줄거리에 대한 기록이 아니라 책을 읽고 어떤 생각을 했고 그 책의 내용에서 자신의 진로에 어떤 영향을 받았는지가 평가에 중요한 요소로 작용한다는 걸 잊지 마!

고등학교 1학년 1학기와 3학년 1학기 독서 기록을 소홀히 하는 학생들이 많아. 그런데 독서 기록은 학기별로 마감되기 때문에 다음 학기에 다시 채울 수는 없어. 미리 생각하고 있다가 대비하면 자신에게 필요한 독서 항목으로 보다 더 전략적으로 학생부를 채울 수 있겠지?

1학년 때는 인문, 자연, 사회 등 다양한 분야에 걸친 폭넓은 독서가 필요해. 지나치게 진로에 초점을 맞춘 독서는 진로에 변화가 생기면 오히려 곤란해지는 경우도 있어. 진로가 결정되는 2학년부터는 자신의 진로에 맞춘 심화된 독서 활동을 추가해야 해. 시간이 부족한 3학년 때는 자신의 진로에 맞는 책을 깊이 있게 읽는 것이 필요해.

책을 고를 때 진로와 연계된 교과 선생님께 조언을 구하는 것도 생활기록부에 너에 대한 긍정적인 평가를 추가할 수 있는 방법이야. 다른 학생들과 차별화 없이 단순히 책을 읽는 것만으로는 자신의 장점을 부각시킬 수 없어. 많은 책을 읽는 것보다 관심 있는 책들을 선택해 읽고 자신만의 생각을 쓰는 것이 중요해. 도서명을 보면 읽은 사람이 보이도록, 자신을 소개하는 부분으로 활용해야 해.

『세상을 아름답게 만드는 행복한 청소부』 모니카 페트, 풀빛, 2003 ★를 읽고 직업의 귀천이 중요한 것이 아니고 스스로가 행복하고 만족할 수 있는 직업을 가져야 한다는 생각을 하게 된다. 또한 직업이나 겉으로 보이는 것으로 사람을 판단하면 안 된다는 것도 생각하게 됐다.

『파일럿의 진로 탐색 비행 조종사 항공정비사 항공교통관제사 운항관리사가 되는 길』 최재승, 누벨끌레, 2014 ★★을 읽고 막연하게 생각했던 진로 분야에 대해 구체적으로 탐색하고 알게 됐다.

『이것이 진짜 공부다』 서경석·강성태·박철범·이병훈, 다산에듀, 2013 ★★를 읽고 성적에 대해 고민하고 효과적인 학습법을 탐색하던 중에 공부 습관에 변화를 가지면서 공부에 대한 흥미도 높아졌다.

『사막에 숲이 있다』 이미애, 서해문집, 2006 ★★를 읽고 생각을 현실로 만드는 방법과 포기하지 않는 열정, 끈기가 성공을 만든다는 것에 깊은 감동을 받았다. 어려움 앞에 어떤 식으로든 나만의 방법을 찾으려는 자세를 갖기로 결심하게 된다.

◎ 나의 독서 이력 되돌아보기

읽은 책	독서 목적	되돌아보기
창문 너머 도망 친 100세 노인	독서 이력 페이지 수 늘리려고….	내용을 제대로 읽지 않은 것 같다. 그냥 페이지 넘어가는 것을 위해 형식적으로 읽었다.
수업의 완성	좋은 선생님이 되고 싶어서	선생님이라는 직업에 대해서 좀 더 책임감을 갖게 되었다.
마당을 나온 암탉	유명해서 내용이 궁금했다.	꿈을 향해 용감하게 나선 잎싹을 생각하면 공부 때문에 힘들 때 좀 위로가 된다.

내가 적는 학교 생활기록부 독서 항목

제2장

진로 독서 기초부터 다지자

진로 독서에
흥미 붙이기

독서는 일단 재미있어야 해. 특별히 책을 좋아하는 사람이 아닌 한 독서 습관을 기르는 일은 그다지 쉬운 일이 아니야. 그런데 재미없는 책으로 독서 습관이라니…. 말이 안 되지? 그러니 재미있는 책을 고르자! 일주일에 한 번 서점이나 도서관에 가서 마음에 드는 책을 직접 골라 봐. 권장 도서나 추천 도서 중에서 고르는 것이 아니라 다양한 분야와 종류의 책을 구경하고 탐색해야 해. 잡지, 만화, 취미 등 분야에 제한을 두지 않는 책 고르기는 특히 진로 탐색 활동의 실마리가 되는 경우가 많아.

읽은 책을 모두 독후 활동을 할 수 없을 수도 있어. 하지만 반드시 책 제목은 기록해 두어야 해. 나의 관심사와 흥미가 어디를 향하고 있는지를 보여 주는 중요한 나침반이 될 거야.

집에 있는 책은 분야나 분량에 한계가 있어. 또한 너의 관심사나 분야보다 부모님의 기준에 의해 선택된 책이 대부분일 거야.

책을 한 권 골랐다면 이제 표지를 보면서 여러 가지 질문을 만들어 보자.

"표지에 그려진 사람은 누구일까?"

"작가는 어떤 사람일까?"

"무엇에 관한 이야기일까?"

"주인공은 무엇을 좋아할까?"

"내 주변에 등장인물과 비슷한 사람은 누가 있을까?"

책을 읽기 전에 먼저 다양한 질문을 만들고 독서를 시작해. 내용에 대한 호기심을 먼저 만들고 독서를 시작하면 독서에 대한 흥미 유발은 물론 독서 집중력도 높아지지. 또한 친구들과 함께 독서 놀이를 해 보는 것도 재미있는 독서 활동을 할 수 있는 방법이야.

💡 도서관 놀이 예시
- 자기 이름과 같은 글자가 들어간 책 제목 찾기
- 특정 글자가 들어간 책 제목 10개 이상 찾기
- 책 제목으로 빙고 게임하기

💡 흥미를 높이는 독후 활동
- 책 속 장면 그려 보기
- 주인공 그리기
- 책 표지 따라 그리기
- 등장인물의 감정 생각해 보기
- 한 줄 멘트 달기

관심이 가는 책을 골라 읽었다면 친구나 부모님에게 그 책을 고른 이유와 내용을 이야기해 봐. 이런 과정을 통해 책을 고르는 방법부터 내용 이해까지 자연스럽게 이루어지게 될 거야. 특히 책을 고른 이유를 설명하는 과정에서 자신의 관심사나 흥미 분야가 자연스럽게 드러난단다.

책을 선정하고 읽을 때마다 줄거리나 사건, 등장인물의 성격에 대해 친구나 부모님과 대화를 나누면서 자연스럽게 의견을 주고받는 습관을 들이면 토론 실력도 좋아질 거야. 등장인물 되어 보기, 의도적으로 상대의 생각이나 의견과 대비되는 질문이나 의견을 제시하기 등은 생각하는 각도를 넓어지게 하는 방법이야.

효율적인 독후 활동은 자신이 좋아하는 작업을 통해 이루어져야 해. 천편일률적인 독후감 쓰기는 오히려 독서에 대한 흥미를 떨어뜨리는 경우가 많아. 이미 독후감 때문에 책이 싫어진 경우라면 다시 생각해. 독후감을 쓰기 위해 책을 읽는 게 아니야.

가끔은 소리 내어 읽으면서 책 읽는 티를 내 보도록 해. 칭찬도 듣고 읽기 능력도 점검해 볼 수 있어. 소리 내지 않고 읽는 묵독은 독서법의 정석이지만 잘못된 독서 습관을 찾아내지 못하는 맹점이 있어. 단어를 빼고 읽거나 비슷한 단어로 바꾸어 읽는 습관을 가진 학생들이 꽤 있어. 전체적인 스토리에 영향을 주지 않으니 중요하지 않은 일로 여기고 그냥 넘기는 경우가 대다수지만 이것은 학년이 올라갈수록 치명적인 단점으로 작용하게 돼.

지식을 전달하는 교과서 저자를 포함한 대부분의 저자들은 단어 하나하나를 신중하게 고르고 특정 단어를 선택하는 이유가 있어. 전체 맥락이나 중요한 핵심을 전달하기에 가장 적합하기에 그 단어를 선택한 거야. 그런데 읽는 사람이 일방적으로 자신의 관점대로 바꾸어 읽거나 해석하는 습관이 들면 중요한 핵심을 파악하는 데 있어 그만큼 어려움을 겪게 돼.

책을 읽으면서 자신이 제대로 읽지 못하는 단어나 이해하지 못하는 어휘를 파악할 수 있고 정확하게 읽는 습관을 키우기 위해서 소리 내어 읽으면서 오류를 수정하는 시간을 가져야 할 거야. 이것은 언어 교육의 큰 분야인 말하기 능력과 직결되는 일이기도 해.

다양한 분야를 접하기 위한
스피드 독서법

다양한 분야의 책 읽기

사람마다 좋아하는 장난감이나 취미가 있듯이 책에도 흥미가 끌리는 분야가 있어. 이런 경우 흥미가 생기는 분야는 미래 진로 분야와 연관이 깊을 수도 있겠지? 그러나 아직은 독서를 통해 다양한 세상에 대한 경험을 쌓는 것이 더 중요하기 때문에 조심해야 해.

자칫 독서 편식에 빠지게 될 수도 있어. 다양한 분야의 책으로 관심을 돌리는 기술이 필요해. 집에 있는 한정된 책만 접하다 보면 독서 편식을 하게 되고 그것은 머지않아 독서에 대한 흥미 저하로 이어질 가능성이 크거든. 독서 편식을 막기 위해 자신이 좋아하는 분야의 책을 여러 권 읽으면 다른 분야의 책도 1권씩 읽어야 해.

최근 역사나 과학 등 다양한 분야의 학습 만화가 많이 나오지? 무조건 만화를 읽지 말라고 하고 싶진 않아. 흥미가 떨어지는 분야나 어려운 분야의 지식을 습득하는 방법으로 학습 만화를 보는 것도 나쁘지 않은 방법이지만, 분명한 것은 학습 만화 독서는 지식 습득이지 사고력 확장을 불러오기는 어렵다는 거야.

학습 만화와 글로 된 책의 차이점을 이해하고 독서의 목적이 단순히 지식 습득만이 아니라는 것을 이해하고 스스로 조절하고 구분할 수 있는 가이드라인을 정할 수 있어야 해. 만화를 많이 읽는 아이는 긴 글을 읽는 데 어려움을 느끼게 되는 경우가 많아. 오히려 독서력이 약해진다는 뜻이야. 만화는 말풍선 안에 짧은 글로 된 글만을 읽게 되므로 긴 글을 읽는 것을 싫어하거나 눈에 익지 않아서 다른 책에 대한 흥미를 떨어뜨리게 돼. 만화의 한계를 분명히 이해해야 해.

학생들은 단순히 독서량 늘리기를 목적으로 책을 읽는 경우가 많아. 책을 읽어도 내용을 제대로 이해하지 못하고 그냥 넘어가는 일을 방지하기 위해 독후 활동이 필요한 거야. 그렇지만 과도한 독후 활동 요구로 독서 자체에 대한 거부감이 생기거나 독후 활동을 하지 않는 일은 없도록 조심하자.

독서 후에 책에 대한 내용이나 생각, 느낌은 꼭 정리를 하는 습관이 중요한 것이지 독후감의 형식이나 분량이 중요한 것은 아니야.

한번 해 볼까?

◎ 책을 읽고 한 줄 멘트 달기나 등장인물에게 메시지 보내기

스피드 독서법

책을 읽는 방법에는 여러 가지가 있어. 한 글자 한 글자 익히고 마음에 새기면서 읽어야 하는 책이 있는 반면 필요한 정보만 읽어도 되는 책도 있어. 깊이 있는 지식 습득이나 마음의 양식으로 삼을 책이 아니라 단순히 정보 수집을 위한 독서에서는 스피드 독서가 효과적이야.

스피드 독서는 한정된 시간 안에 한 권의 책에서 가능한 한 많은 정보를 찾을 수 있는 독서 방법이야. 서점이나 도서관에서 책을 고를 때 유용한 방법으로 정보 수집을 목적으로 하는 독서에서 필수적으로 활용해야 해.

수많은 책을 모두 새기고 익히면서 읽을 수는 없어. 그건 효율적인 독서법이 아니야. (하지만 조심해. 부드러워서 스르르 넘어가는 음식이 있는가 하면 꼭꼭 씹어 먹어야 하는 음식이 있는 것처럼 천천히 읽어야 하는 책을 빨리 읽어 버리면 그 책의 진짜 메시지를 놓칠 수도 있어.)

책을 잡으면 가장 먼저 해야 할 일은 표제와 서문 읽기야. 표제나 서문을 읽는 것은 내가 읽을 책인가 아닌가를 결정하는 중요한 출발점이야. 대다수 학생이 이 단계를 건너뛰는 것은 어렸을 때부터 책을 선택할 기회가 없었기 때문이야. 기억을 떠올려 봐. 언제나 부모님이나 선생님이 책을 권해 주신 것은 아닌지, 자신에게 책을 선택할 권리나 기회가 있었는지를. 책은 네가 골라야 해!

표제나 서문은 빨리 읽어. 과도하게 의미를 분석하거나 이해하려 할 필요는 없어. 그러면 이미 서문에서 책을 덮고 싶어질지도 몰라.

그 책의 목적이나 취급 범위, 저자의 관점 등을 보여 주는 것에 주의하면서 책의 주제를 파악해. 어렵다고? 그럼 그 책이 '내가 찾던 책인지, 읽을 만한 가치가 있는 책인지, 찾으려는 자료가 그 책 속에 있는지'를 살펴봐. 네가 읽고자 하는 책과 방향이 어느 정도 일치한다는 생각이 들면 목차를 읽어 보는 거야.

목차는 책에 실린 내용을 소제목만 골라 순서대로 나열해 놓은 거야. 서문이나 표제로 그 책의 내용을 짐작하기 어렵다면 목차를 보고 결정하는 게 좋아. 이건 교과서를 볼 때도 해당되는 이야기야. 교과서를 처음 만나면 반드시 목차를 먼저 자기 것으로 만들어야 해. 목차를 보면 책의 구조를 알 수 있고 네게 필요한 내용인지를 알 수 있어. 예전에는 책에 상세한 목차를 붙이는 것이 대다수였어. 각 장과 부를 자세히 나누고 거기서 다루는 항목을 열거했지. 지식을 다루는 책은 물론 소설이나 시에 이르기까지도 예외는 아니었어.

하지만 최근에는 목차가 간소화되는 경향이 있어. 독자가 목차를 잘 읽지 않기 때문이기도 하고 내용을 모두 늘어놓기보다는 넌지시 암시하는 정도의 목차가 독자의 호기심을 끌어당기기도 하지. 책을 고를 때 또 하나 주의해야 할 부분이기도 해. 그럴 듯해서 고른 책이 의외로 허술한 경우도 많아. 하지만 이 또한 독서의 경험으로 쌓일 것이고 책을 고르는 안목이 높아지는 데 도움을 줄 거야. 그런 면에서 세상의 모든 책은 우리에게 도움을 준다고 할 수 있겠지?

그 책이 어떤 책인지 아는 데는 자세한 설명보다는 가급적이면 간략히 소개된 글이 더 효과적일 때가 있어. 책 뒷면이나 책 표지에 둘러진 띠지에 쓰인 문구들을 읽어 봐. 이런 종류의 글을 자기 홍보라고만 생각해서는 안 돼. 일반적으로 저자와 출판사 홍보 담당자가 협의하여 쓴 내용인데, 여기에 책의 논점을 명확하게 요약해 놓은 경우가 많아.

물론 가끔은 공허한 홍보일 때도 있어. 홍보에 솔깃해 책을 사고 내용과 달라 허무한 경우도 가끔 있어. 이럴 땐 속은 기분이 들지. 이때 쿨~ 하게 넘길 줄도 알아야 해. 홍보 기술에 감탄해 주는 거지. 아~ 이것이 홍보의 힘이구나. 홍보 전문가가 되려면 이런 기술을 키워야겠구나.

우리는 홍보의 시대에 살고 있어. 광고의 홍수 속에서 진짜를 가려내는 안목을 길러야 해. 시행착오는 어쩌면 불가피한 일이고 오히려 그런 경험들이 쌓여 진짜를 찾을 수 있는 능력을 키우고 자신을 홍보하는 방법이나 방향도 배워 나가야 하지.

자~ 이제 책을 한 권 들었다면 이제 본문을 살펴볼 순서지?

첫 장부터 순서대로 차근차근 읽을 거야? 그건 소설책을 읽을 때 쓰는 방법이야. 일반 도서의 경우 우선 그 책의 핵심이라고 생각되거나 가장 궁금한 단원을 먼저 보는 거야. 전반적인 내용을 대략 알게 되었으면 해당 단원의 처음과 끝에 있는 요약이 쓰인 부분을 잘 읽어 보는 거야.

짧게는 한두 단락을, 길게는 2~3쪽씩이라도 책 전체를 띄엄띄엄 골라 읽어. 특히 마지막 2~3쪽은 반드시 읽어야 해. 글쓴이는 마지막 쪽에 자신이 전달하고자 하는 메시지를 남기거든. 글쓴이의 의도와 메시지를 파악하기에 가장 빠르고 효율적인 방법 중 하나가 결말 읽기란다.

요즘 최신 트렌드인 드론을 생각해 보자.

요즘 TV 여행 프로그램에서 필수로 사용하는 것이 드론 촬영 기법이잖아. 카메라를 장착한 드론이 서서히 높은 곳으로 올라가면 가까이에서 보이지 않던 주변과 주인공이 있는 곳이 어우러지면서 멋진 경치 속에 있는 주인공이 보이지.

책을 읽기 시작할 때 먼저 멀리서 전체적인 조망을 보고 다시 가까이 들어가는 방법은 독서 활동을 흥미롭게 하고 훨씬 자유롭게 작품 속을 여행할 수 있게 만들지.

어려운 책을 처음 대했을 때는 일단 통독하기(바로 이해할 수 없는 곳이 있어도 깊이 생각하거나 어구, 조사에 시간을 들이지 말고 읽어 나가는 방법)를 먼저 해야 해. 멈추지 마! 계속 앞으로 전진!

이해할 수 있는 것만 챙기고 어렵고 복잡한 부분은 그냥 넘어가면서 계속해서 읽어. 처음에 그런 부분을 일일이 챙긴다 해도 어차피 완벽하게 모두 이해하기 어렵기 때문에 중도 포기하지 않기 위해서 일단 책을 끝까지 읽는 거야.

처음 읽을 때 책의 내용을 반밖에 알지 못하더라도 두 번째 읽을 때면 훨씬 잘 알게 될 거야. 또한 두 번째 읽기를 통해서 이해가 완벽해지지 않더라도 시간이 지나면서 다양한 독서 내공이 쌓이게 되면 이전에 이해하지 못했던 것들이 자연스럽게 연결되면서 풀리기도 하는 신기한 경험도 하게 돼.

◎ 스피드 독서 실습

– 책 읽고 마인드맵 그리기

책을 읽은 후 아래 노트를 가로로 돌려 놓고 마인드맵을 그려 보세요.

깊이 있는 독서를 위한
슬로 리딩

천천히 읽고 깊게 생각하고 크게 깨닫는 책 읽기

자~ 이번엔 꼭꼭 씹어 먹는 독서법을 알아볼까? 천천히 읽는 독서법은 너를 무척 많이 자라게 해 줄 거야. 책 한 권의 영양분이 속속들이 너에게 스며들게 되는 거지.

독서 활동에서 스스로 흥미를 느껴 빠져들게 하려면 무엇보다 자신이 주인공이 되어서 읽어야 해. 그리고 책의 내용과 책 속의 단어에서 파생되는 것들까지 꼼꼼히 탐색하는 활동이 필요하지. 책을 읽을 때는 단서를 찾는 탐정이 되어 볼 필요가 있어.

- 이 책의 제목은 왜 이렇게 붙였을까?
- 책 속의 중요한 이미지, 핵심 용어, 분위기와 어조, 처음과 끝의 관계는 무엇인가?
- 내용의 역사적, 공간적 배경은 어디인가?
- 작가의 삶과 글이 가지는 관계, 같은 작가의 다른 작품과는 어떤 관계를 갖는가?
- 같은 주제나 소재를 다룬 다른 작가들의 글과 차이점, 공통점은 무엇일까?

복잡하고 깊이 있는 책을 읽으려면 인내심이 필요해. 갈피를 못 잡고 무슨 내용인지 도무지 이해가 가지 않더라도 포기하지 않고 계속해서 만남을 시도할 필요가 있어. 읽은 책의 수가 많다고 그 사람의 독서 내공이 깊다고 말할 수는 없어. 때로는 단 한 권의 책이 한 사람의 인생을 좌우하기도 하는 법이야. 자신의 삶에 방향을 제시해 주는 책을 만난다면 인내는 얼마나 싼 투자였는지 알게 될 거야.

내가 처음 괴테의 『파우스트』를 읽기 시작했을 때 만난 좌절이란 엄청났어. 이 책을 계속 읽어야 할까? 심각하게 고민했었지. 하지만 인내심을 갖고 오랜 시간이 지나 책을 덮을 수 있었던 순간 인내의 열매는 참으로 알차고 달았단다. 지금 생각해도 정말 힘들었어.

나 자신을 깊이 들여다보는 평생의 습관이 생긴 것은 파우스트를 읽고 난 다음부터였어. 내가 한 단계 발전해서 다른 사람으로 살아가게 되는 출발점이었지. 두꺼운 책이나 어려운 책을 만나도 두려워하지 않을 수 있게 된 것도 그때부터였어.

책을 읽을 때 작품 속에서 말하고 있는 사람이 누구인지, 글을 읽는 사람에게 전달하고자 하는 메시지가 무엇인지를 명확히 파악해야 해. 때로 메시지가 명확하게 잡히지 않을 때도 있어. 장황하게 길어진 글을 읽을 때나 긴 호흡의 소설은 독서 내공이 깊지 않은 독자에게 혼란을 주기도 해.

이럴 때 유용한 것은 서평이야. 책에 실린 서평들을 읽어 보면서 자신의 생각과 비교해 보는 것도 좋은 방법이야. 서평은 나보다 먼저 그 책을 읽은 사람이 써놓은 잘 쓰인 독후감이라고 생각하면 돼. 수준 높은 독후감 쓰는 법도 배울 수 있겠지?

꼭 읽어야 하는 책으로 고전 문학이 있어. 그런데 책이 너무 두꺼워서 힘들다고? 도망치지 마~. 영화를 통해 고전을 만나는 방법도 있어. 아름다운 고전 작품들은 영화나 드라마로 만들어지는 경우가 많아. 먼저 영화를 보고 내용이나 표현 방식을 비교하면서 책을 읽으면 한층 더 재미있어지기도 해.

또 다른 방법으로 책 밖으로 나가 보기가 있어. 책 속에 등장하는 물건이나 소재를 직접 접해 보거나 공간적 배경을 찾아가 보는 것도 즐거운 독서의 연장선이야. 작가의 고향이나 생가를 방문하는 여행도 작품을 이해하는 데 큰 도움이 되지. 매일 조금씩 읽고 해당 내용과 관련된 여러 가지 활동을 해 보면서 독서와 자신의 생활을 연결시키면 책을 더욱 풍부하고 깊게 읽게 될 거야.

등장인물의 생각과 자신의 생각, 주변 친구나 부모님의 생각을 비교하고 토론해 보는 것도 즐거운 독서 경험으로 남는 방법이야.

같은 책을 여러 번 다시 읽어 보는 것도 슬로 리딩의 방법이야. 단순히 읽은 책의 누적 권수에만 관심을 두면 실천하기 힘든 일이겠지? 같은 내용이라 할지라도 읽는 사람의 나이, 환경, 생각의 변화에 따라 그 내용이 다르게 다가와서 읽을 때마다 새롭게 느껴지는 책들이 있어. 고전이나 명작은 더욱 그렇지.

처음 읽었을 때 미처 깨닫지 못했던 원리가 깨우쳐지기도 하고 전에 보지 못했던 에피소드나 문장이 눈에 들어오기도 해. 처음 읽을 때 건성으로 읽어서가 아니야. 읽는 사람의 관점이 변화하면 같은 맥락, 같은 내용에서도 다른 메시지나 해석이 나타나는 거야.

핵심 단어, 핵심 이미지, 핵심 문장 또는 구절을 찾는 것도 중요해. 핵심 단어나 문장을 찾는 일은 초보 독자에게 익숙한 일은 아니야. 초기 독서 단계에서는 스토리를 따라가는 것이 편해. 억지로 핵심을 찾고자 하면 오히려 책 읽기의 즐거움을 놓칠 수 있으니까 조심해. 독서 내공이 쌓이면 자연스레 생기는 것이 핵심을 찾는 능력이야. 핵심 단어 찾는 습관은 성적 향상과도 연관이 깊어. 독서량과 성적이 비례 관계로 나타난다는 것은 검증된 사실이야. 좋은 성적을 원하니? 많은 책을 읽어 둬. 바로 당장의 시험에서는 효과가 없어 보일지 모르지만 언젠가 너에게 꼭 보답을 할 거란다.

그런데 주의할 것은 오로지 재미만을 추구하는 독서 습관에서는 핵심을 찾는 능력이 길러지지 않는다는 거야. 독서는 물론 재미를 추구하는 취미 활동으로 더할 나위 없이 좋은 일이지. 하지만 독서가 주는 더 큰 이득은 새로운 정보와 지식을 얻을 수 있다는 거야. 나아가 더 나은 삶을 선물하고 넓은 세상과 자신을 연결시켜 주는 통로가 되지. 올바른 독서 습관을 길러 자신의 능력을 계속 업그레이드시키는 계단으로 활용해야 해.

책을 읽다가 낯선 어휘가 나오면 뜻이 짐작되더라도 사전을 찾아보는 것이 좋아. 사전을 활용하면 혼자 힘으로는 알아낼 수 없는 차원의 의미를 알게 돼. 사전을 찾아보는 일은 호기심 없이는 실천하기 어려운 일이야. 마음에 새겨야 해. 책을 읽는 이유가 단순히 재미만을 위한 것이 아니라 한걸음 더 나아가기 위한 것이라면 의미를 모르는 단어뿐 아니라 흥미가 느껴지는 단어도 꼭 사전 찾기가 필요해. 단순히 단어의 뜻만 읽고 지나가지 말고 해당 단어를 활용한 예시 문장까지 읽는 것이 좋아.

핵심 단어들은 글의 주제를 발견하고 작품 속의 이야기를 따라가 작가가 담아 놓은 의미를 찾아가는 데 꼭 필요해. 작가들은 대개 중심 용어의 의미를 바로 드러내지 않아. 독자는 그 의미를 찾기 위해 노력해야 해. 작가가 사용하는 핵심 단어를 찾아내고 그 단어의 변화를 따라가면 중요한 단어가 어떤 효과를 내고, 그 단어를 어떻게 사용하여 작품을 완성했는지 알 수 있어.

작가에게 관심을 갖자

어떤 작가의 생각을 한 권의 책만으로 단정 짓는 것은 위험한 일이야. 사람들은 다양한 생각과 관점을 가지고 있어. 한 사람이 단 한 가지 생각만 가지고 살아가지 않는 것처럼 작가 또한 마찬가지야.

작가가 가진 생각을 탐색해야 해. 이런 작업은 한 작품만 읽어서는 어려운 일이야. 흥미로운 작품을 만난다면 그 작가의 다른 작품들도 읽어 보기를 권할게.

한 작품을 읽을 때는 등장인물에 대한 자신의 평가에 의심을 품어야 해. 우리는 작품을 읽기 시작하고 얼마 지나지 않아 호감이 가는 인물, 아닌 인물, 선한 인물, 악한 인물을 판단해 버리는 경향이 있어. 이런 단순한 평가는 깊이 있는 독서를 방해하는 거야.

훌륭한 작가는 진의를 쉽게 보이지 않아. 등장인물의 행동과 말을 주의 깊게 생각하고 분석해야 해. 등장인물이 왜 그런 말과 행동을 하는지, 내가 공감할 수 있는지 상황과 심리를 공감해 보고 등장인물과 자신을 동일시해 보는 일은 무척 특별한 독서 경험으로 남을 거야.

이때 주의해야 할 것은 주인공의 관점만 생각하는 것은 피해야 한다는 거야. 대립 인물이나 주변 인물의 심리와 상황도 생각해 보는 것이 중요해.

우리는 모두 각자의 인생에서 주인공이지만 또한 타인의 인생에 주변인이라는 것을 잊지 말아야 해. 배려가 중요한 이유가 여기에 있어.

한 작품을 자세히 들여다보면 작품의 구성, 줄거리의 의미 있는 변화를 알 수 있어. 독자는 독서를 시작하면 일단 책의 구성을 이해해야 해. 한 작품을 구간별로 나누어 지도를 만들고 한 단계에서 다음 단계로 넘어가는 방법과 이유를 살펴보는 거야.

느리게 읽기를 실천하면서 책의 여백이나 공책에 감상이나 요약을 메모해 두면 여러 가지 방식으로 작품에 직접 반응할 수 있어.

또 한 작품에 대한 처음의 느낌과 나중의 느낌을 비교하고 기록해 두면 독서가 좀 더 흥미로워지겠지?

💡 작품에 대한 느낌

- 작가가 시작과 결말을 다르게 썼다면 어땠을까?
- 줄거리에서 결정적인 순간을 바꿨다면 어떨까?
- 핵심 인물이 없다면 이 작품은 어떻게 될까?
- 이 장면이 없다면 어떤 변화가 생길까?

이런 생각을 하고 메모하면서 책을 읽으면 작가의 결정을 더욱 새롭게 느낄 수 있고 독후 활동도 풍부해지는 효과가 있어.

특정 작품을 읽었다면 그 작품과 관련된 다른 작가들의 작품도 읽어 보는 것이 좋아. 또 비슷한 주제에 대한 여러 작품을 읽어 보는 것도 독서 활동 중 필요한 하나야. 다양한 사람의 생각을 접하면서 자신의 생각과 관점도 다시 한 번 생각하게 될 거야.

한번 해 볼까?

◎ 나의 독서 이력 되돌아보기

-작가의 고향이나 생가를 방문하는 여행 계획 세우기

-작품을 구간별로 나누어 마인드맵 만들기

-흥미로운 작품을 만난다면 그 작가의 다른 작품들도 읽어 보기

-단어의 뜻만 읽고 지나가지 말고 해당 단어를 활용한 예시 문장까지 읽는 것

-비슷한 주제에 대한 여러 작품들을 읽어 보는 것

-친구들과 같은 책 읽고 서로의 생각 비교하기

한번 읽어 볼까?

◎ 『레미제라블』 빅토르 위고, 구름서재, 2014을 읽고 - 중1 권재현

'레미제라블'은 한국어로 번역하면 '불쌍한 사람들'입니다. 이 책에는 장발장, 자베르 경감, 미라엘 신부, 코제트, 팡틴, 마리우스, 테나르디에의 가족들 그리고 혁명군들이 등장합니다.

우리가 흔히 아는 '장발장'이라는 책은 한 남자의 인생을 글로 쓴 것이라면 '레미제라블'은 장발장을 포함해서 프랑스 혁명과 그 시절의 풍경과 현실을 나타낸 책이라고 할 수 있습니다.

얼마 전에 드라마에서 정몽주와 이방원의 선죽교 사건을 보고 두 사람의 의견 차이가 죽음까지 이어지는 것에 의문이 생겼습니다. 그런데 코치 선생님과 이 내용에 대해 이야기하면서 혁명과 개혁의 차이에 대해 알게 되었습니다.

레미제라블은 프랑스 혁명 시대를 배경으로 하고 있습니다. 가난한 일반인들의 부당하고 가련한 인생을 따라가면서 혁명이 필요한 시대에 대해 생각하고, 우리나라 조선 건국은 개혁과 혁명 사이 어디였을까 생각했습니다. 내 생각에 정몽주는 개혁을 꿈꾸었지만 이방원은 혁명을 꿈꾼 것 같습니다. 어느 쪽이든 국민을 위한 최선이어야 한다는 생각이 듭니다.

장발장이 살던 당시에는 죄수들을 노예처럼 일을 시켰습니다. 아무리 죄수지만 너무한 것 같습니다. 장발장은 어린 조카들의 먹을거리를 구하려고 빵 한 조각을 훔쳤다가 징역 5년을 선고 받았습니다. 빵 한 조각에 5년이라니, 저는 그 징역을 선고한 판사와 검사를 징역 5년에 처하고 싶습니다. 하지만 그는 조카 걱정에 몇 번의 탈옥을 시도하였고, 결국 19년이라는 시간을 감옥에서 보내야 했습니다.

장발장은 감옥에서 나온 뒤에도 감시 받는 가석방 상태라서 일자리를 구할 수가 없었고 길에서 얼어 죽을지도 모르는 파리 목숨이 되어 버렸습니다. 그런 그를 미리엘 신부는 자신의 집으로 데려왔습니다. 가난한 사람을 보고 못 본 척해서는 안 된다는 자신의 신념 때문이었을 것입니다. 하지만 오늘 하루만 살아서는 안 된다는 생각에 은그릇을 훔쳐 달아납니다.

그렇지만 경찰에게 붙잡히는 위기에 처하는데, 막상 미리엘 신부는 예상을 깨고 자신이 은그릇을 선물한 것이라고 말합니다. 이에 감동한 장발장은 자신이 이렇게 살면 안 되겠다는 생각을 하고 새 삶을 살겠다고 다짐합니다.

그러고 몇 년 후 장발장은 어느 지역의 시장이자 한 공장의 사장이 됩니다. 하지만 자베르 경감은 여기까지 찾아왔는데, 다른 사람이 장발장으로 누명을 쓰게 됩니다. 장발장은 고민을 하다가 자수를 합니다.

장발장은 자신을 잡으러 온 자베르에게 팡틴에게 한 약속을 지켜야 하니 시간을 조금만 달라고 합니다. 그러고는 코제트와 프랑스로 도망을 칩니다. 그곳에서 코제트는 마리우스란 남자와 사랑을 하기 시작했습니다. 그리고 곧 프랑스 혁명이 일어나자 마리우스는 프랑스 혁명에 참여했습니다.

이때 자베르는 계략을 알아내기 위해 혁명군으로 위장하고 잠복을 하는데, 혁명단 중 한 사람이 그를 알아보면서 붙잡히게 됩니다. 그 순간에 장발장이 나타나 자베르를 자신이 죽이겠다며 빼 오지만, 죽이는 척만 하고 풀어 줍니다.

한편 혁명군은 시민들의 도움을 받지 못하고 결국 경찰들에게 제압됩니다. 마리우스도 큰 부상을 당하지만 도망을 칩니다.

하지만 장발장은 자베르에게 발각되는데, 자베르는 자신을 살려 줬던 장발장을 죽일 수 없어서 풀어 주고 자신은 법을 어겼다는 죄책감과 결코 앞으로는 장발장을 체포할 수 없는 자신의 처지를 한탄하며 자살을 택합니다.

마리우스는 코제트와 결혼을 하기로 하고 장발장은 지금까지의 이야기와 자신이 장발장이라는 사실을 알려 줍니다. 장발장은 코제트의 곁을 떠나고 곧 숨을 거두게 됩니다.

그래도 마지막을 행복하게 보내서 그나마 다행이라고 생각합니다. 저는 '레미제라블'을 읽고 지위가 있고 돈과 힘이 있는 사람은 가난한 사람을 괴롭히면 안 되며 보살펴 주고 새 삶을 살 수 있게 도와줘야 하는 사람이라는 사실을 다시 한 번 깊게 새기게 해 준 책이라고 생각합니다. 그리고 빅토르 위고라는 작가에게도 관심이 생겼습니다. 코치 선생님이 권해 준 빅토르 위고 원작 뮤지컬 〈노틀담의 드 파리〉도 보고 싶어졌습니다.

진로 인성을
채우는 독서

　진로 탐색에 있어 가장 중요한 자아 탐색 과정에는 자신에 대한 이해의 과정과 함께 자신에 대한 긍정적인 마음, 자신감, 도전 의식, 회복 탄력성, 자율성 등 진로에 관한 인성 함양도 필요해. 진로 인성은 진로 성숙도를 높이고 합리적 의사 결정을 하는 데 영향을 미치기 때문이야. 아무리 자신에 대해 알게 되었다고 해도 '나는 해도 안 될 것 같다.'거나, '내 성향과는 상관없이 부모님이 시키는 대로 하는 성격'이라면, 자신에 대한 이해를 해도 소용이 없겠지?

　그래서 진로를 설계하는 데는 진로 인성이 필요해. 혹시 나에게 부족한 부분이 있다면 독서로 채워 보도록 하자.

책임감과 동기를 갖게 하는 자율성

"혹시 너는 자신을 둘러싼 일에 대해 얼마나 스스로 선택하고 결정하고 있니? 혹시 지금 네가 가진 꿈은 스스로 생각하고 결정한 거니?" 자신의 인생을 설계하고 개척해 나가는 데는 '자율성'이 꼭 필요해. 왜냐면 자율성은 동기에 영향을 주기 때문이야. 사람은 누구나 남이 시키는 일이나 결정보다 스스로 결정한 것에 대해 더 큰 동기를 느끼게 되지.

스스로 하고자 하는 마음이 생겨야 자신의 삶도 스스로 헤쳐 나갈 용기가 생겨. 자율적인 선택이란 자신감과 자기 능력에 대한 믿음을 바탕으로 하게 되는 것인 만큼 진로에 있어서 자율성 확립은 매우 중요한 요소야.

'자율성'이란 자기 스스로의 원칙에 따라 어떤 일을 하거나 스스로 자신을 통제하여 절제하는 것을 말하는 거야. 자율성을 키우기 위해서는 자신이 선택할 수 있도록 기회를 가지고 직접 시도해 보고 그 결과를 스스로 깨닫는 것이 좋아. 성장할수록 선택의 순간들이 많아지는데 이럴 때 타인의 지시나 통제에 의한 결정보다 작은 선택의 순간이라도 스스로 결정하도록 해야 해. 무엇을 먹을지 언제 시작할지 어디로 갈지 등 사소한 결정인 것 같지만 이러한 주도적 선택의 순간들이 모여야 자율성이 생기는 거야. 자율성보다 지시나 통제에 의한 행동이 우선은 빠른 결과를 나타내 주지만 그런 습관이 자리 잡으면 자신의 모든 일을 결정할 수 없는 상황에 처하고 결국 모든 일이 더욱 느려지고 비효율적으로 흘러가게 되지. 스스로 하고자 하는 자율성은 하루아침에 키울 수 없는 만큼 평소의 습관이나 주위의 배려가 필요한 영역이야.

뿌듯해서 계속하고 싶게 만드는 성취감

'성취감'이란 목적한 바를 이루었을 때의 만족감을 말해. 이러한 성취감을 느껴 본 사람은 진로 목표에 대한 성취 동기도 높아. 성취감을 높이는 방법은 성취 경험을 많이 하는 것이 제일 좋아. 뭐든지 해 본 사람이 잘하듯이 성취감을 많이 경험해 본 사람일수록 성취를 느끼고 싶어서 도전하기 때문이지. 성취감을 느껴 보지 못했거나 좋은 성적을 받아 본 적 없는 사람은 쉽게 도달할 수 있는 목표를 설정하고 실천해 보는 경험을 만드는 것이 필요해.

가급적 얇고 쉬운 책으로 하는 것이 독서 성취 경험의 시작이야. 그림책이나 이야기책이 유치하고 부끄럽다고 생각할 필요는 없어. 일단 시작해!

관련 도서

『자기 주도』 조영경, 삼성출판사, 2011 ★

『아Q정전 어떻게 삶의 주인이 될 것인가』 루쉰, 너머학교, 2015 ★

『마이너리거를 위한 철학여행 – 내 삶의 주인이 되기 위한 8가지 질문』
최준호, 책세상, 2012 ★★★

◎ 독후 활동 예시

- 가장 힘들었던 일과 극복 과정 쓰기

힘들었던 일	극복한 과정	결과

끝까지 해내는 힘, 끈기와 목표 의식

어떤 목표를 가지고 거기에 도달하기 위해 끝까지 해내는 끈기는 삶에서 꼭 필요한 덕목이야. 이런 끈기가 힘을 발휘하려면 목표가 명확해야 해.

목표 의식은 이루고자 하는 바를 구체적이고 실질적으로 정하고자 하는 마음이야. 목표가 있는 생활과 목표 없이 흐르는 생활은 시간을 보내는 우선순위에 큰 차이를 두게 되고 결과적으로 성취 결과에도 큰 차이가 나게 돼. 따라서 마음과 정신을 한곳에 모으는 목표 의식을 가지는 것은 진로 목표를 세우는 데 반드시 필요해.

목표는 구체적이고 현실적이며 시간의 제한을 두고 세워야 해. 막연한 바람은 흩어져 버리기 쉽지만 구체적이고 명확한 목표는 실천한 것과 그렇지 않은 것을 구분하게 하고, 무엇을 언제 어떻게 채워야만 목표를 이룰지 분명하게 계산할 수 있게 해 줄 거야.

진로 목표는 가지는 것도 중요하지만 주변 사람들에게 널리 알리는 것이 좋아. 목표를 가지고 있어도 혼자서만 속으로 가지고 있으면 사라지거나 줄어들어도 표시가 나지 않기 때문이야. 주위에 목표를 알리는 일은 내재적 동기를 높이는 데도 큰 도움이 돼. 예를 들어 나는 "의대에 갈 거야!"라고 말하고 다니면서 수업 시간에 자고 놀기만 할 수는 없지만, 마음속으로만 '의사가 되고 싶다'고 생각한다면 어떻게 행동해도 무안해지는 일이 없겠지?

혹시 내가 목표를 얘기하고 다니는데, 주위에 부정적이고 안 되는 이유들만 지적하는 사람이 있다면 그들의 말에 귀 기울이지 말기를…. 너는 그들이 살아 보지 않은 세상을 살 거야. 그리고 그들이 너의 가능성을 다 볼 수는 없어.

너의 명확한 목표 의식은 너를 지탱해 줄 끈기를 준다는 걸 명심하고 목표 의식을 높이고 끈기를 키울 수 있는 책을 골라서 읽어 봐.

관련 도서

『나도 끝까지 할 거야!』 김정신, 스콜라, 2015 ★

『왜 포기하면 안 되나요?』 조지혜, 참돌어린이, 2014 ★

『오기와 끈기로 최고를 꿈꿔라』 손빈희, 미다스북스, 2013 ★★

◎ 독후 활동 예시

- 단기 목표 세우고 실천 계획표 만들기

나의 목표	
내가 해야 할 일 목록	1. 2. 3. 4. 5.
실천에 필요한 관련도서 및 자료 목록	1. 2. 3. 4. 5.
실천 완료 시기	

자기 효능감에서 출발하는 도전 의식

'자기 효능감'이란 특정 상황에서 자신이 할 수 있다고 생각하는 자신감을 말해. 자기 효능감이 높은 사람은 어떤 일이든 자신감이 있기 때문에 일을 하더라도 꾸준히 할 수 있고 좋은 결과를 가져오게 되지. 긍정적 사고와 행동을 하는 친구들은 스트레스도 덜 받아.

자기 효능감 수준이 높은 학생은 낮은 학생에 비해 도전적으로 공부를 하고 꿈을 가져도 할 수 있을 거란 믿음으로 시작하지. 또한 도전에 실패해도 더 많은 노력을 하고, 과정이 어려워도 금방 포기하지 않아.

반면에 자기 효능감이 낮은 학생은 자신을 부정적으로 보고 타인에 대해서도 부정적인 태도를 취하는 경향이 많아. 그래서 다른 사람을 욕하거나, 일이나 공부 그리고 자신의 미래에 대해서도 부정적이어서 쉽게 포기하지.

잠깐 자신에 대해 생각해 볼까? 어느 쪽이야?

자기 효능감을 높이는 방법에 필요한 키워드는 성공 경험, 대리 경험, 칭찬, 격려 등이야. 칭찬해 주는 사람이 없다고? 스스로 작은 성취를 쌓아 가고 그 경험을 뿌듯해 하는 감정이 쌓이면 자기 효능감을 만들어 줄 거야.

주변 환경보다 자신에게 집중해. 주인공은 너야!

관련 도서

『박지성, 11살의 꿈 세계를 향한 도전』^{이채윤, 스코프, 2011} ★

『존 아저씨의 꿈의 목록』^{존 고다드, 글담어린이, 2008} ★

『불가능한 꿈』^{이상훈, 지식공감, 2014} ★★

『엘론 머스크, 대담한 도전』^{다케우치 가즈마사, 비즈니스북스, 2014} ★★★

◎ 『한국이 싫어서』 장강명, 민음사, 2015를 읽고 – 고1 민성기

'헬조선'은 탈출이 답인가?

몇 달 전부터 인터넷을 통해 '헬조선'이라는 단어가 유행하기 시작했다. 지옥을 뜻하는 'hell'과 조선을 합쳐, 한국의 사회 상황이 전반적으로 좋지 않음을 조롱하는 이 단어는 최근 한국에 대한 부정적인 생각이 상당히 증가되었다는 걸 의미한다.

인터넷 커뮤니티에 가끔씩 올라오던 각종 비리나 인권 침해 사례에 관련된 게시 글이 어느샌가 매일같이 올라오며 한국 사회를 비난하는 게 유행처럼 번지고 있고, 게시 내용이나 댓글을 통해 사대주의적 시각에 계속 노출되면서 젊은 세대 사이에 한국을 혐오하는 인식이 급속히 퍼져 나가고 있다. 어쩌면 작가 또한 작품을 구상하는 과정에서 이런 현상에 영감을 얻었을지도 모른다.

문제는 이러한 동태가 자신의 구차한 삶에 대한 변명과 인터넷의 공격성에 결합되어 심각할 정도로 집단 사회 불만을 야기하고 선동하는 것이다. 물론 이러한 현상의 원인이 된 한국 사회 또한 여러 사회적 문제로 좋지 않은 모습을 지나치게 자주 보인다.

나는 한국 사회를 혐오하지도 옹호하지도 않는 중립적인 위치에서 적절한 삶의 의미를 찾기 위해 이 책을 잡았다. 그리고 결과적으로 현재의 양상을 만들어낸 결정적인 원인이 무엇인지, 두 의견의 단점을 보안할 최선의 방법이 무엇일지 고민할 기회가 되었다.

책은 주인공인 계나가 호주로 이민을 가서 벌어지는 이야기가 중심이다. 결국 계나는 호주에서 한국에선 느끼지 못했던 행복을 갖게 되는데 그 과정이 주목할 만하다. 작가는 호주에서의 삶을 전혀 낭만적으로 그리지 않는다. 오히려 매일을 치열하

게 살아가는 별반 다를 게 없는 모습을 그린다. 하지만 계나는 행복을 찾는다. 그 원인은 한국을 떠나서가 아니다. 작중에 드러나듯이 '내가 존재하는 가치를 찾았기 때문'이다. 한국에선 요구하는 기준에 부응하지 못한, 집도 가난하고 변변찮은 대학도 못 나온 채 감정노동직을 찾아 전전긍긍하는 주인공은 삶을 피하기 위해서가 아니라 최소한의 가치를 가지기 위해 가치를 부여받을 수 있는 사회로 떠났다.

그곳에서도 아르바이트를 하고 밤늦게 공부와 일을 하는 것은 똑같지만, 그곳의 사회는 그녀에게 한국이 해 주지 못했던 존재 가치를 주었고, 그것은 살아가는 데 원동력으로 나타나 삶의 만족이 되고, 결국 행복이 된 것이다.

계나는 피하는 사람이 아니라 도전하는 사람으로 나타난다. 이 모습에 우리는 공감하고 존경할 수 있게 된다. 이 감정은 아무런 노력 없이 비난만 하는 모습은 잘못되었고 우리가 지향할 것이 아님을 내포한다.

그러나 환경의 영향은 분명히 존재한다. 그리고 한국 사회에 불만을 토로하는 사람들이 가장 불평하는 것 중 하나는 그들의 어려움이나 실패를 '노력 부족'으로 정의하는 것이다.

실패할 수밖에 없는 환경이 조성되어 있는데도 말이다. 예를 들어 '삶은 스스로 개척하는 것이다'라고 조언을 한다면, 주입식 교육으로 수용하는 방법만 가르치고 개척하는 방법을 가르치지 않고 나중에 와서는 스스로 개척하려는 정신이 부족하다는 식으로 말하는 것이라고 따질 수 있다.

이런 논박은 서로 옳은 말이지만 계속 논쟁하다 보면 끝이 없다는 것을 알 수 있다. 그럼 합의점 없는 두 입장 사이에서 어느 쪽이 중립적이고 포용 가능한 관점일까?

작가가 그린 삶을 통해 배운 것은 행복을 만드는 건 주관적인 삶과 희망이라는 것이다.

계나는 한국을 떠나서 타지에 자립하며 살아가면서 주관적인 삶을 만들었다. 그리고 똑같이 힘든 생활 중에서도 자신의 책임을 느꼈고, 원동력을 얻어 행복을 쟁취했다. 그리고 호주 사회에선 자신이 가치 있는 사람이라는 희망을 가졌다. 이로 인해 그녀는 떳떳하고 만족스러운 삶을 살 수 있게 된다. 이는 이상적인 예시이다.

하지만 한국의 거의 대부분이 태어날 때부터 희망과 주관을 잊어버리는 절차를 밟아 간다. 꿈이 없는 중고등학생들이 대부분이고 사회는 공부, 좋은 대학, 안정적인 직장을 강제하는 데 동의하고 있다. 희망과 주관을 갖지 못한 젊은 세대들이 사회에 대한 불만과 공포를 가지고 한국의 환경이 열등하다고 여기게 되는 것은 쉽게 공감할 수 있다.

나 또한 희망이 있는지 생각해 보지 않고 회피하지 않고, 주관적인 삶을 살려고 노력했지만 매번 생각에서 그치고 말았다. 한국 사회에 대한 혐오감을 가지고 있으면서 옹호자들이 말하는 대로 '노력'만이 미덕이고, 자기 실패의 원인으로 생각하고 계속 자신을 비난해 왔다. 그것은 지금의 사태를 만든 큰 오류였지만 그래도 이 범주에 속해 있는 것이 내 정체성에 안정감을 주기 때문에 놓지 못하고 있다. '이민'에 함축돼 있는 사회적 제한에 대한 여러 대안은 이런 위험부담을 감수해야 하는 생각보다 훨씬 용기가 필요한 일이었다.

하지만 주관이 결여돼 있다는 것에 동의하면 희망과 주관을 갖는 것이 가장 큰 문제점이고 포용 가능한 대항이라는 것을 확신할 수 있다.

지금 당장 그런 대항을 통해 주관적인 삶을 만들 수 있을진 모르겠지만, 정당한 의의를 가지고 대항하는 것은 그저 사회적 낙오자들의 반항이 아니라 행복한 삶을 쟁취해 가는 과정임을 배우고, 주관을 가지기 위해 도전해야 한다는 점을 의식하게 되었다.

그리고 비판 측도 옹호 측도 이런 경험을 통해 합의할 수 있음을 느끼고 그저 사회악처럼 여겨졌던 지금의 사회 제도가 한국을 한 단계 발전시킬 계단으로 변화하는 과정을 경험했다.

◎ 독후 활동 예시

-내가 하고 싶은 도전 리스트 작성하기

-내가 뭐든지 할 수 있다고 생각하는 이유 10가지 생각하기

1 _____

2 _____

3 _____

4 _____

5 _____

6 _____

7 _____

8 _____

9 _____

10 _____

따뜻한 시선

세상을 보는 따뜻한 시선은 현대 사회에서 가장 필요한 인성이라고 할 수 있어. 급속도로 발전하는 과학과 바쁘게 움직이는 사회에서 인간 사회는 점점 각박해지고 타인의 삶에 무관심해지고 있기 때문이지. 과거보다 발전한 사회, 윤택하고 편리해진 우리의 삶은 분명 노력한 사람들의 결과물이야. 하지만 그 이면에서 더욱 피폐해진 우리의 정서는 무엇으로 채울까?

내가 삶의 주인공이라는 관점을 생각하자. 내가 주인공이고 가장 중요한 존재라면 내 옆의 사람은 엑스트라일까?

아니야. 그 또한 자신의 삶에서 주인공이지. 전쟁 영화에서 아무 의미 없이 죽어 가는 주인공 주변의 등장인물은 현실에선 존재하지 않아. 그들은 모두 누군가의 소중한 아버지이고 아들인 삶의 주인공들인 거야.

우리가 함께 살아야 할 이유는 바로 그거야. 타인에 대한 따뜻한 시선은 내가 주인공으로 살고 싶다면 그들 모두 주인공으로 존중해야 마땅하다는 관점에서 출발하는 거야.

이런 관점은 보다 나은 사회를 만들기 위해 내가 해야 할 노력, 즉 사명에 대한 생각을 하게 하는 데 도움이 될 거야. 나 혼자만이 아닌 우리 모두에게 좋은 사회를 만들기 위한 자신의 역할도 따뜻한 시선에서 나올 수 있어.

관련 도서

『그래도 괜찮은 하루』 구작가, 예담, 2015 ★

『다시, 희망에 말을 걸다』 유안진, 북오션, 2015 ★★

『세상에서 가장 가난한 대통령 무히카』 미겔 앙헬 캄포도니코, 21세기북스, 2015 ★★

◎ 독후 활동 예시

- 마음에 남는 책 속 문장 옮겨 적기

◎ 내 마음에 남은 문장들

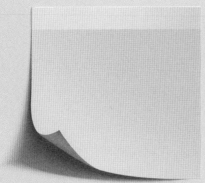

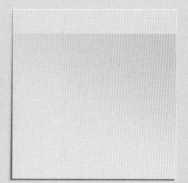

올바른 삶을 위한 가치관

어떻게 살아야 할까? 쉬운 질문이 될 수도 있고 지극히 추상적이어서 어려운 질문이 될 수도 있어. 착하게? 정직하게? 우리는 무엇이 착한 것이고 무엇이 정직한 것인지 알고 있을까?

정답은 있을 수도 있고 없을 수도 있어. 하지만 분명한 것은 정답을 찾기 위한 노력이 필요하다는 거야.

자신의 삶에서 중요한 것이 무엇인가를 생각하고 찾는 노력은 무엇을 하면서 어떻게 살아야 할지 진로를 정하는 일에 있어서 가장 마지막의 중요한 선택 기준이야.

관련 도서

『바른 가치관』 강민경 외, 뜨인돌어린이, 2008 ★

『청소년을 위한 가치관 에세이』 강영계, 해냄, 2012 ★★

『청소년의 가치관을 높여주는 탈무드 이야기 77가지』 이혜원, 프리윌, 2014 ★★

『누구를 구할 것인가?』 토머스 캐스카트, 문학동네, 2014 ★★★

◎『누구를 구할 것인가?』 토머스 캐스카트, 문학동네, 2014를 읽고

– 고1 설수아

사실 책이 작고 얇아서 부담 없이 선택하고 읽기 시작했는데 이렇게 머릿속이 복잡하고 생각이 많아질 줄 몰랐다. 이 책의 표지에 그려진 그림이 책 앞부분에 나오는 상황을 표현한 것이다.

영국에서 처음 시작된 '문제의 전차' 이야기는 상당히 유명한 '전차학'이라는 학문의 한 분야라고 한다.

"브레이크가 듣지 않는 전차 앞에 다섯 명이 서 있다. 기관사는 선로를 유지하여 다섯 명을 치어 죽일 수도 있고 – 이유는 알 수 없지만 그들은 선로에서 벗어나지 못한다.– 다른 선로로 틀어 한 사람만 치어 숨지게 할 수도 있다. 기관사는 사람이 적은 선로로 방향을 틀어 다섯 사람 대신 한 사람을 죽여야 할까?"

이건 기관사의 문제이다.

책 속에는 나에게 주어지는 또 다른 문제가 있다.

바로 내가 그 현장에서 선로를 바꿀 수 있는 선로 변환기 앞에 있다는 것이다. 나는 레버를 당겨 다섯 명을 구할까? 그대로 두어 한 사람을 살리고 다섯 명을 죽게 할까?

책은 이 문제를 재판 상황으로 연결하여 레버를 당겨서 다섯 명을 구한 영웅이 된 인물을 다시 한 사람을 죽게 한 살인자로 기소하고 재판을 진행한다. 만약 내가 판결을 내릴 수 있는 자리에 있다면 나는 어떻게 해야 할까?

가급적이면 나에게 이런 상황이 안 생기기를 바라야겠다. 어떤 결정을 내린다는 일이 이렇게 오싹하게 느껴진 것도 처음이다.

결국 소수와 다수의 문제로 토론은 이어지고 책에는 검찰, 변호인, 교수의 분석, 심리학자의 견해, 주교의 의견서, 이타주의자의 딜레마, 교수들의 토론이 이어진다. 재판장의 설명과 마지막 배심원단의 견해도 소개하고 있다. 평결은 어떻게 나왔을까? 과연 제대로 알맞은 평결이 나올까? 무엇이 어떤 기준에서 알맞고 공정하다는 걸까?

세상 사람들은 대부분 다수의 의견과 이득이 더 중요하고 우리가 추구해야 할 방향이라고 이야기하지만 나는 뭔가 중요한 것을 놓친 것 같은 느낌이 든다.

어른들은 살아가면서 지금보다 더 많은 선택의 상황 앞에 놓이게 될 거라고 한다. 책을 읽으면서 다수와 소수에 대한 생각과 더불어 옳고 그름의 기준에 대해서도 생각하게 되고 인생에서 무엇이 더 중요할까도 생각했다.

아무래도 나는 전체보단 개인, 세상보다 나와 내 가족 생각이 먼저 난다. 하지만 다들 자신과 자신의 가족만 생각한다면 세상은 어떻게 될까? 우리 개개인은 소수인데 우리 소수를 무시하고 다수를 따르는 일이 맞다고? 아~ 자꾸만 생각이 난다. 다수인가, 소수인가, 그것이 문제로다!

◎ 독후 활동 예시

- 책을 읽기 전 내 생각, 읽은 후 내 가치관 변화 정리하기

책에 나온 가치관	책을 읽기 전 내 생각	책을 읽은 후 내 생각

역경 극복 의지

　역경 극복 의지는 다양한 역경과 실패를 딛고 다시 일어나 더 높이 도약하려는 마음의 힘이야. 성공한 기업이나 개인의 이야기를 보면 처음부터 성공까지 탄탄대로를 걸어 성공에 이른 경우는 거의 없어.

　그들은 크고 작은 실패와 좌절을 겪지만 극복 의지를 가지고 역경을 극복하고 다시 일어섰어. 개인이 걸어가게 될 삶, 진로도 마찬가지야. 처음 계획한 대로 모든 것이 잘되면 좋겠지만 대부분 어려움과 인생의 여러 함정이나 유혹에 맞닥뜨리게 되지.

　때로 스스로 용납하기 힘든 실수나 잘못을 저지르기도 할 거야. 잘못을 저지른 자신을 용서하지 못하거나 타인의 실수나 잘못에 대해 관대하지 못한 경우 우리는 다시 일어날 수 있는 동력을 잃어버리게 돼. 이런 위기를 극복하는 힘을 길러야 해.

　잊지 말자! 실패는 성공의 어머니!

관련 도서

『왜 용서 안 하면 안 되나요?』 이아연, 참돌어린이, 2014 ★

『그도 했고 그녀도 했다면 당신도 할 수 있다』 김이율, 카르페디엠, 2011 ★★

『오체는 불만족, 인생은 대만족』 오토다케 히로타다, 글로세움, 2015 ★★

『연을 쫓는 아이』 할레드 호세이니, 현대문학, 2010 ★★★

한번 해 볼까?

◎ 독후 활동 예시

- 자신이 잘못한 일에 대해 이유와 감정 쓰기, 죄책감 극복 방법 쓰기

잘못한 일	
그렇게 한 이유	
내가 느낀 감정	
죄책감 극복 방법	

잘못한 일	
그렇게 한 이유	
내가 느낀 감정	
죄책감 극복 방법	

삶의 높은 파도를 넘기 위한 긍정적 태도

긍정적인 태도는 살아가는 데 있어 큰 자산이라고 할 만큼 필요하고 중요한 마음이야. 긍정적인 마음은 용기, 자신감을 키우지만 부정적인 마음은 열등감, 낮은 자존감, 포기 등을 불러오지.

어떤 문제에 대해 긍정적인 생각에 따른 결과와 방향으로 예측하게 되면, '난 할 수 있어.', '실패해도 괜찮아.', '괜찮아, 잘될 거야.' 등의 반응을 하게 된다.

이 책을 읽고 있는 너는 반드시 꿈을 이룰 수 있고 자신이 원하는 대로 살수 있을 거야.

믿어야 해. 누구를? 자신을. 그것은 가장 강력한 힘을 가진 기도가 될 거니까.

관련 도서

『마쓰시타 고노스케, 위기를 기회로』 마쓰시타 고노스케, 청림출판, 2010 ★★

『위기를 비웃어라 : 어린왕자와 위기 극복의 상상력』 진형준, M&K, 2014 ★★

『리더에겐 위기가 반드시 찾아온다』 김연욱, 마인드탭, 2015 ★★

◎ 독후 활동 예시

-책 속 문장 줄 긋기

-내가 느낀 삶의 위기 목록 작성하기

내가 느낀 삶의 위기	나의 극복 방법	방법을 찾은 곳 (책, 친구, 선생님…)

-위기 극복 스토리 읽고 극복 방법 배우기

가치 있는 성공

왜 일해야 하는가?

도형이는 꿈이 있다. 부자가 되는 것! 돈이 많으면 일하지 않고 살 수 있다.

부모님이 엄청난 부자라면 일을 하지 않고 평생 놀러 다니면서 살면 될 것

같은데 도형이 부모님은 부자가 아니다. 그래서 도형이는 부자를 꿈꾼다.

그런데 선생님이 묻는다.

"그럼 부자가 되고 난 뒤엔 뭘 할 거야?"

"놀러 다니죠!"

"어디로?"

"전 세계를 가 볼 거예요!"

"그다음엔?"

"맛있는 걸 실컷 사 먹을 거예요!"

"그다음엔?"

"멋진 차를 살 거예요!"

"그다음엔?"

"큰 집도 사고요!"

"그다음엔?"

"그다음엔…."

계속 물으시니 말문이 막힌다. 그런데 집에 와서도 자꾸 생각이 난다. 그다

음엔?

문득 학교도 안 가고 학원도 안 가고 놀기만 했던 지난 방학이 생각난다.

항상 학교도 가기 싫고 공부도 안 하고 싶다고 생각했었는데 막상 아무것도

하지 않고 있으니 심심하기만 했다. '부자가 되고 나서도 그런 기분이 들면 어쩌지?'

갑자기 부자가 된다는 일이 시시해지는 것 같다. '그래도 일하면서 사는 것보다 놀고 먹으면 더 좋은 인생 아닐까?'

우리는 성공의 정점에서 파국을 맞는 유명인을 종종 보게 돼. 마약이나 불법 도박에 빠진 연예인 등이 대표적인 사례지? 그 밖에도 아름답지 못한 모습을 보이는 '갑질의 주인공'이 된 부자들도 뉴스에 자주 등장하지.

많은 사람이 부자를 꿈꾸지만 경제적 성공이나 사회적 명성은 도착지가 될 수 없어. 삶의 한 과정일 뿐이야. 부자가 되고 나면 그다음엔 뭘 하고 살까? 우리의 삶은 계속 이어질 거야. 목적지에 도달했으니 마음껏 누리겠다고 생각하는 사람의 공허한 모습을 보면 뭔가 다른 준비가 필요한 것이 분명해.

올림픽에서 금메달을 땄다고 남은 인생을 침대에서 보낼 수는 없는 것 아닐까?

경제적 성공이나 사회적 명성을 꿈꾼다면 반드시 그 뒤의 목표를 함께 준비해야 해. 자기 삶의 가치관을 좀 더 명확히 할 필요가 있어.

행복한 부자들의 모습을 찾아 읽고 성공한 인생의 플랜을 만들어 보자.

◎ 독후 활동 예시

내가 성공하고 싶은 분야	내가 노력하는 이유	성공한 후에 내가 하고 싶은 일

관련 도서

『세상을 바꾼 착한 부자들』 서지원 외, 상상의집, 2012 ★

『마음이 따뜻한 부자 워렌 버핏』 서정명, 무한, 2014 ★★

『메디치의 영광』 김성진, 북향, 2015 ★★★

돈이 많아도 일해야 하는 이유

- 일은 자신의 가치를 실현하여 보람과 성취감을 느낀다.

- 일을 통해 사회에 기여해야 한다.

- 사회의 일원으로 참여하는 소속감을 갖는다.

- 직업을 통해 다양한 인간관계를 맺는다.

관련 도서

『나는 무슨 일 하며 살아야 할까』 이철수 외, 철수와영희, 2011 ★★

『인생학교 일 : 일에서 충만함을 찾는 법』 로먼 크르즈나릭, 쌤앤파커스, 2013 ★★★

『일생의 일』 김민태, 쌤앤파커스, 2013 ★★★★

◎ 『탐스 스토리』 블레이크마이코스키, 세종서적, 2012를 읽고 - 중2 신재현

부자가 되고 싶다. 나의 꿈은 그랬다. 커서 뭐하고 싶냐는 질문에도 부자가 되겠다고 이야기하고 어떤 일을 하고 싶냐는 질문에는 답할 수 없었지만 여하튼 난 부자가 되고 싶다. 하지만 코치 선생님의 부자가 되어서 무엇을 할 거냐는 질문에는 대답하기가 어려웠다. 큰 집, 좋은 차, 좋은 옷, 멋진 곳으로의 여행…. 그런 것만 생각하던 나는 좀 특별한 부자를 책을 통해 알게 되었다.

블레이크 마이코스키는 특별한 이력을 가진 사람이다. 다양한 사업을 시도한 도전 의식이 강한 사람인데 우연한 여행 중에 자기 삶의 새로운 전기를 맞이하게 된다. 너무 가난해서 신발을 신지 않고 살아가는 아이들을 보게 되고 그 아이들을 위해 자신이 할 수 있는 일을 고민하게 된다.

여기서 블레이크의 특별한 점이 나타난다. 우리는 일반적으로 가난하고 도움이 필요한 사람을 만나면 내 일이 아니라고 외면하거나 도울 수 있는 방법에 대해 생각하게 된다. 돕는다는 일은 대다수가 가진 것을 나누어 주는 기부의 형식을 생각한다. 그런데 블레이크는 다른 방법을 생각해냈다. 기부는 일방적인 것이므로 누군가 계속해서 자신의 재산을 내놓지 않으면 지속하기 어렵다.

그래서 이 문제를 해결하고자 블레이크는 특별한 사업 아이디어를 냈다. 바로 신발을 판매하고 신발 한 켤레가 팔리면 한 켤레를 기부하는 형태의 사업을 생각한 것이다. 이것은 사업을 홍보하는 획기적인 아이디어로 작용했고 블레이크의 신발 사업은 급속도로 성장하게 되었다. 덕분에 더 많은 가난한 아이들이 신발을 신을 수 있게 되었다. 자기 혼자 기부를 하는 것이 아닌 신발을 구입하는 고객이 기부에 참여하는 형태의 아이디어로 탐스의 신발을 신는 것은 단순히 새 신발을 산 것이 아니고

나로 인해 누군가가 새 신발이 생긴다는 뿌듯함과 기부의 즐거움을 함께 느낄 수 있도록 한 것이다. 상품이 아닌 이야기와 느낌을 판매할 생각을 하다니 정말 놀랍다.

책 속에는 빈손이나 다름없던 블레이크가 어떤 과정을 통해 사업을 성공시키고 안정적인 회사를 운영할 수 있었는지가 나온다. 그 과정에서 가장 인상 깊었던 부분은 '신뢰 쌓기'이다. 기업을 운영하면서 직원을 단순히 자신의 아랫사람으로 대한 것이 아니라 사업을 함께 하는 파트너로 생각하고 회사 경영의 모든 것을 공유하고 믿은 부분은 사업 성공의 핵심 요소였다고 한다.

또한 기부라는 특별한 영업 방법을 선택한 이상 고객과의 신뢰도 매우 중요한 부분이었다. 그래서 무엇보다 회사의 모든 경영, 매출, 수익, 기부 현황을 투명하게 오픈했다는 부분이 인상적이었다.

이 책을 읽고 나서 탐스 신발을 한 켤레 샀다. 그리고 나로 인해 새 신발이 생겼을 친구를 신발을 신을 때마다 생각하게 된다. 부자가 되겠다는 꿈은 이제 나만이 아닌 다른 사람을 도울 수 있는 더 큰 부자가 되어 꿈을 함께 키우는 사람이 되고 싶다는 비전으로 자랐다. 왠지 어른이 된 것 같다.

내 능력을 키우는
진로 독서

잠재력

내 안의 숨은 힘!

"나는 잘하는 게 없어요." 6학년 재연이는 자신이 참 마음에 안 든다. 민지는 수학을 잘하고 수연이는 노래를 잘한다. 소희는 영어를 잘하고 재화는 축구를 잘한다.

'난 뭐지?' 아무리 생각해도 잘하는 게 없다.

엄마도 매사에 소심하고 조용하기만 한 재연이 때문에 늘 걱정을 하신다.

소희는 재연이에게 그림을 잘 그린다고 이야기하지만 재연이는 자기가 끄적이는 낙서들이 특별하다는 생각이 안 든다.

그런데 선생님이 선물해 준 책을 읽고 재연이가 달라졌다. 친구들 사이에서 자기 주장도 큰 소리로 이야기하고 성적도 많이 올랐다. 무슨 일이 생긴 것일까?

책을 읽고 독후 활동으로 선생님과 함께 자신의 장점과 단점을 쓰는 활동을 하면서 '교과서에 낙서하기'라고 쓴 단점을 장점으로 바꾸어 생각해 보는 시간을 가졌다.

'낙서'라고 생각했던 그림들은 '캐릭터 그리기'라는 실력으로 바뀌고 습관처럼 하던 '공상'은 '상상력'으로 연결하는 것이라는 이야기를 들었다.

평소 책 읽기를 좋아하는 재연이는 동화 작가가 되고 싶다는 생각을 혼자서만 했었다. 단점 전환하기를 하면서 처음으로 자신의 꿈을 엄마에게 말할 수 있게 되었다. 정말로 자신이 동화 작가가 될 재능이 있는 사람이라는 믿음이 생겼다.

잠재성! 내 안의 숨은 힘은 정말 있었다.

관련 도서

『또 잘못 뽑은 반장』 이은재, 주니어김영사, 2014 ★

『장점으로 승부하라』 랴오유칭, 가나북스, 2013 ★★

『히든카드』 이동조, 팜파스, 2008 ★★

한번 해 볼까?

◎ 나의 잠재 능력 깨우기

-자신이 잘하는 일 모두 써 보기

-단점을 강점으로 확대하기

단점	강점
느리다	여유가 있다
소심하다	신중하다
산만하다	호기심이 많다

소통능력

함께하는 세상

수현이는 요즘 들어 자꾸만 화를 내는 강민이가 이상하다.

"왜 저러는 거지? 내가 뭐라고 했다고…." 시험을 못 쳤다고 하길래 "너가 공부를 열심히 안했잖아!"라고 말했다. 같은 반 친구와 문제가 생겨서 짜증 난다고 하길래 "그럼 개랑 놀지 마." 하고 이야기했다. "뭐가 문제야?"

반대로 강민이는 수현이 때문에 자꾸만 화가 난다. '수현이가 틀린 말을 하는 게 아니라는 건 안다. 그래도 자꾸 화가 난다. 수현이는 내 마음을 모른다.'

수현이와 강민이에게 무슨 일이 생긴 걸까?

수현이는 강민이의 감정을 공감하지 못했고 강민이는 수현이에게 자신의 기분을 솔직하게 이야기하지 않았다.

소통의 출발은 상대의 이야기를 듣는 데서 출발한다. 강민이는 문제 해결책을 원한 것이 아니었다. 자신의 속상한 마음을 공감해 줄 사람이 필요했다. 그런데 수현이는 문제의 원인을 지적하거나 해결책을 내놓으려고만 했다.

관련 도서

『말이 통하는 아이』 노여심, 주니어김영사, 2013 ★

『하버마스가 들려주는 의사소통 이야기』 문성훈, 자음과모음, 2008 ★★★

『소통의 기술』 정병태, 넥스웍, 2014 ★★★

『마법의 코칭』 에노모토히데타케, 새로운제안, 2004 ★★★

『고집불통의 NO를 YES로 바꾸는 협상 전략』 윌리엄 유리, 지식노마드, 2008 ★★★

『허브 코헨, 협상의 법칙』 ^{허브 코헨, 청년정신, 2011} ★★★★

『설득의 심리학』 ^{로버트 치알디니, 21세기북스, 2013} ★★★★

의사소통 능력 배우기

- 먼저 다가가 인사하기
- 상대의 관심사 배려하기
- 상대를 존중하고 경청하기
- 상대의 감정에 호응하기
- 나 표현법 사용하기

(예시) 넌 거짓말을 하고 있어.

→ 나는 거짓말하는 사람을 좋아하지 않아.

네가 일부러 그랬지?

→ 네가 나쁜 마음으로 그런 건 아니라고 생각해!

유머 감각

유머 감각의 비결

무현이는 재미있는 친구다. 무현이 주위엔 항상 친구들이 많다. 수업 시간에도 선생님과 곧잘 이야기를 주고받아 수업 분위기를 즐겁게 만든다. 도대체 저런 능력은 어디서 나오는 걸까? 예린이는 무현이의 비법이 궁금해서 물어본 적이 있다. 무현이는 따로 비법은 없지만 재미있는 책을 좋아한다고 말했다.

무현이가 빌려준 책을 읽으면서 예린이는 내내 웃었다. 웃다 보니 기분이 좋아지고 예린이가 웃으니까 친구들도 웃는다.

친구들과 이야기할 때도 책에서 본 이야기가 생각나서 웃음이 난다. 친구들에게 책에서 읽은 이야기를 해 줬더니 다들 재미있다고 야단이다.

예린이는 이제 무현이의 비법을 알 것 같다.

관련 도서

『재치왕 유머왕 수수께끼 1135가지』 엄기원, 지경사, 2007 ★

『유쾌한 대화로 이끄는 유머』 김진배, 경향미디어, 2010 ★

『유쾌한 대화법 78』 이정숙, 나무생각, 2012 ★★

유머 감각 키우기

- 유머는 자신감에서 나온다. 자신에게 솔직하고 자신감을 키우자.
- 유머가 풍부한 사람과 자주 만나자.
- 책을 많이 읽으면 유머 감각이 생긴다.

자신감

이상한 선생님?

유빈이는 항상 혼자 논다. 큰 얼굴, 화난 것처럼 보이는 눈과 튀어나온 입, 뚱뚱한 외모는 정말 싫다. 짓궂은 친구들은 대놓고 못생겼다고 놀린다. '화가 나지도 않는다. 난 못생겼으니까….'

수업 시간에 선생님의 질문에 아는 것이 나와도 손을 들 수가 없다. 발표할 때 친구들이 자신을 바라보는 것이 싫다. 도무지 따라가기 힘든 수학 시간은 더 움츠러든다.

어느 날, 학교로 낯선 선생님이 찾아오셨다. 친구들보다 공부 속도가 뒤떨어진 유빈이를 도와주러 오셨다고 했다. 한 학년 아래 보나와 함께 매주 만나기로 했다. 보나가 처음 만나는 선생님께 갑자기 말한다.

"선생님 못생겼어요!" (악~ 보나야. 어떻게 선생님께 그런 말을….)

그런데 선생님이 큰 소리로 웃는다.

"하하~ 보나야, 나 못생겼어? 잉~ 난 예쁘진 않아도 못생겼다고 생각하진 않는데? 그럼 뭐 어때? 난 미스코리아 나갈 일은 없어. ^^"

유빈이는 '참 이상한 선생님이야!' 하고 생각했다.

관련 도서

『세상에서 제일 잘난 나』 김정신, 소담주니어, 2009 ★

『자존감의 여섯 기둥 : 어떻게 나를 사랑할 것인가』 너새니얼 브랜든, 교양인, 2015 ★★

『자신감 쌓기 연습』 데이비드 로렌스 프레스턴 저 · 김나현 역, 작은씨앗, 2011 ★★

『미움 받을 용기』 기시미 이치로 · 고가 후미타케, 인플루엔셜, 2014 ★★★

자신감 기르기

• 있는 그대로 자신의 모습을 수용한다.

• 자신의 단점을 긍정적으로 바꿔 이해한다.

• 타인과 비교하지 않는다.

• 자신의 개성과 강점을 극대화시킬 계획을 세운다.

창의성

발상의 전환

수환이의 친구 무근이는 이상한 아이다. 항상 이상한 무언가를 만들어 온다.
지난주엔 지우개를 파서 도장을 만들더니 오늘은 지우개를 잘라서 물고기
를 만들었다. 고무 밴드로 사람 얼굴을 만들기도 한다. 쿠킹 포일로 요괴를
만들고, 언젠가는 수건으로 치킨을 만들어서 친구들을 웃겼다.

수환이가 생각하는 지우개는 연필 자국을 지우는 것이고 고무 밴드는 뭔가
를 고정할 때 쓰는 것이다. 쿠킹 포일은 김밥 쌀 때 쓰고 수건은 물기를 닦
을 때 쓴다.

무근이는 어디서 저런 생각이 나오는 건지 알 수가 없다.

창의성은 새롭고 독창적인 것을 만들어내는 능력이야. 아이디어나 그 결
과가 사회·문화 속에서 가치를 인정받고, 그것이 실현 가능할 때 완성되지.
더 나은 세상을 만들기 위한 선한 목적을 가진 창의성은 현재뿐만 아니라
다가올 미래를 대비해야 할 너에게 필요한 중요한 능력이야.

창의성을 키우기 위해서는 우선 다양한 주변 상황에 관심을 갖는 관찰력
을 기르는 것도 도움이 될 거야. 관찰을 통해 어떤 사물이나 현상에 대한 관
심이 생기면 스스로 답을 찾는 문제 해결력을 키우는 것도 창의력을 기르는
데 필요해.

창의적 사고를 위해 브레인스토밍과 같은 활동도 사고를 키우는 데에 좋
아. 세상에 없다고 안 되는 것이 아니야. 이제 곧 세상에 존재하게 될 거야.
너로 인해…. 너의 새로운 시도에 박수를 보낼 거야. 이러한 믿음이 창의성

의 출발이야.

독서나 독후 활동을 할 때 창의성을 키우는 발문이나 활동을 하는 것은 다양한 측면에서 창의성을 높일 수 있어. 또 창의성은 전혀 새로운 것을 만들어내는 것이라고 생각하지 않아도 돼. 네가 읽은 책과 정보, 생각이 모두 합쳐져서 창의적인 산물이 만들어지기도 해.

관련 도서

『나는 3D다』 배상민, 시공사, 2014 ★★

『세계는 착한 인재를 기다린다』 이범진 · 권영진, 에딧더월드, 2013 ★★★

『탐스 스토리』 블레이크 마이코스키, 세종서적, 2012 ★★★

『연필 하나로 가슴 뛰는 세계를 만나다』 애덤 브라운, 북하우스, 2014 ★★★

『피규어 아티스트 쿨레인의 토이스토리』 쿨레인, 이덴슬리벨, 2015 ★★★

『머릿속을 헤엄치는 창의 물고기』 최은규, 소담주니어, 2010 ★★★

『창의융합 콘서트 : 급변하는 세상을 꿰뚫어보는 힘』 최재천 외, 엘도라도, 2013 ★★★★

『생각의 탄생』 로버트 루트번스타인 외, 에코의서재, 2007 ★★★★

생각하는 힘 기르기

- 일상의 평범함을 즐겨라.
- 평화롭고 스트레스 없는 삶을 위해 노력하라.
- 움직임을 멈추고 주변 소리를 들어라.
- 매일 20분 조용히 혼자만의 시간을 가져라.
- 스스로를 위로하라.
- 하고 싶은 활동(쓰기, 그리기, 감상하기)을 편안하게 즐겨라.

한번 해 볼까? ✏️

◎ 독후 활동 예시

-다르게 생각하기 : 내가 책 속에 나오는 ~라면 다르게 했을 텐데….

한번 읽어 볼까? 📖

◎ 『나는 3D다』 배상민, 시공사, 2014를 읽고 - 중2 설수현

  텔레비전에서 우연히 본 배상민 교수님의 이야기가 기억에 남아서 서점으로 가서 이분의 얼굴이 찍힌 책을 구입했다. 디자인 전문가라고 소개되었는데 카이스트 교수님이라고 한 부분도 특별하게 생각됐다.

  나눔 디자이너, 최연소 파슨스 교수, 세계 4대 디자인상 수상, 카이스트 산업디자인학과 교수…. 배상민 교수님을 소개하는 타이틀이다.

  카이스트라면 과학자가 되고 싶은 학생들이 모이는 학교라고 생각했는데 디자인학과가 있다는 것도 처음 알게 되었다.

  교수님의 이력은 정말 괴짜다. 책 제목이 말하는 3D는 꿈(dream), 디자인(design), 나눔(donate)이다.

  많은 해외 대기업들을 위해 멋진 디자인 작품을 만들었지만 결국 그 작품들이 시간이 자나자 쓰레기가 되어 버리는 현실이 참을 수 없었다고 한다. 디자인에 대해 한 번도 그런 생각을 해 본 적이 없었는데 그러고 보니 나도 예뻐서 샀던 인형이나 장식품을 시간이 지나면서 시들해지고 그냥 버린 경험이 있다. 그때를 생각하니 충

분히 공감이 갔다.

그래서 카이스트로 와서 학생들과 가난하고 어려운 사람들에게 유용하고 저렴한 소규모 비영리 나눔 제품을 디자인하고 과학을 전공하는 학생들과 함께 만들어서 국제 공모전에 참여하는 일을 시작했다. 8년여 간 47회의 수상 기록을 세울 정도로 탁월한 디자인과 작품을 만들어낸 것이다.

과학자가 되고 싶다는 생각을 한 적이 있는데 또 그림 그리는 것도 좋아해서 어떤 직업을 가지는 게 좋을까 고민한 적인 있는데 이 책은 명쾌한 답을 주는 것 같은 느낌을 받았다. 아름다운 작품이면서도 과학적이고 그로 인해 어렵고 가난한 사람을 도울 수도 있다는 것을 알고 정말 전구가 반짝 켜지는 것 같은 생각이 들었고 나도 이렇게 살고 싶다는 생각이 들었다. 하지만 과학자가 되기 위해 공부를 더 열심히 해야 할지 디자인 공부를 더 열심히 해야 할지 고민이 좀 되긴 한다.

그런데 얼마 전 코치 선생님이 두 길을 가고 싶을 땐 좀 더 많은 노력이 필요한 길을 먼저 가는 거라는 말씀을 해 주셨다. 일단 많이 공부해야 하는 과학으로의 길을 가고 그 다음에 디자인 공부를 해도 될 거라는 생각이 든다. 어차피 학교를 다녀야 하고 미술만 전적으로 할 수도 없는 상황이니까 이왕 해야 하는 공부를 좀 더 열심히 해서 과학자로서의 준비를 먼저 마치고 디자인 공부도 해보고 싶다.

배상민 교수님이 계신 카이스트 진학을 목표로 하고 노력해서 나도 카이스트 산업디자인 연구소의 일원으로 활동하고 싶다는 꿈이 생겼다.

-마음에 새긴 책 속의 한 구절!

"재능이 없다는 타인의 냉혹한 평가, 자기 스스로 느끼는 불안과 불신에도 무너지지 말아야 한다. 또한 언제까지일지 알 수 없는 무명생활도 견뎌야 한다. 꾸준함으로 묵묵히 노력해야 한다." -배상민-

문제 해결력

포기하지 말고 방법을 찾아!

'정말 열심히 했는데…' 혜린이는 알 수가 없다. 정말 열심히 공부했다. 친구들이 산만하게 떠드는 점심시간에도 문제집을 풀고 단어를 외웠다. 시험 기간 내내 새벽까지 공부했다. 그런데 왜 성적이 떨어진 걸까? 학원도 열심히 다니고 숙제도 한 번도 밀린 적이 없었다. 친구들은 모두 혜린이가 전교 1등을 해야 한다고 이야기한다.

"왜…. 왜 성적은 제자리를 지키지도 못하고 내려간 걸까? 뭐지? 이 문제 상황, 도무지 해결할 수 있는 길이 안 보인다. 결국 내 IQ가 문제일까?"

같은 반 수아는 성적이 계속 오르고 있다. 혜린이보다 더 많이 공부하는 것 같지도 않고 늘 기분도 좋아 보인다. 학기 초 혜린이보다 성적이 훨씬 낮았던 수아는 어느 학원을 다니는 걸까? "좋아! 오늘부터 수아를 분석하자!"

관련 도서

『(어린이를 위한) 문제 해결의 기술』 김민화, 위즈덤하우스, 2012 ★

『고민을 해결해 드립니다』 에밀리 테이시도르, 책속물고기, 2014 ★★

『상위 1%만이 실천하는 생각의 법칙』 나가타 도요시, 스펙트럼북스, 2013 ★★★

『수만휘 공부법 사전』 수만휘 멘토, 김영사, 2014 ★★★

문제 해결 성공법

• 해결해야 할 문제를 명확하게 인지한다.

• 다양한 해결책을 생각해 본다.

- 가장 실현 가능성 높은 해결책을 선택하여 결과를 예측해 본다.
- 실행을 해 보고 결과를 평가한다.
- 실수나 실패도 문제 해결 능력을 기르는 과정이다.

공감의 힘

선생님 말씀에는 최선을 다한다!

준호는 주 선생님을 기다린다. 학교를 마치고 수학 학원을 갔다 와서 저녁 먹고 숙제하고 영어 회화 인강을 듣고 나니 어느새 밤 9시. 다른 날은 일과가 끝날 시간이지만 수요일은 주 선생님이 오시는 날이다.

다른 요일보다 2시간이나 늦게 하루가 끝나는 셈이지만 준호는 수요일이 제일 기다려진다. 주 선생님을 생각하면 기분이 좋다. 선생님은 준호의 이야기를 잘 들어주신다. 준호가 궁금해하는 것들에 일일이 대답해 주시고 잘 모르시는 건 기억했다가 다음 시간에 알려 주신다. 다른 어른들처럼 쓸데없는 질문이라고 면박 주신 일이 한 번도 없다.

준호가 하는 모든 이야기를 정말 진지하게 들어주신다. 주 선생님이 좋다고 하시는 건 정말 다 좋은 것 같고 해야 한다고 말씀하신 건 최선을 다하려고 노력하게 된다. 준호는 최면에 걸린 것 같다.

관련 도서

『나의 첫 인생 수업 (아빠와 나눈 17가지 공감 대화)』 모리 히로미, 휴이넘, 2012 ★★

『세계를 움직이는 리더는 어떻게 공감을 얻는가』 빌맥고완, 비즈니스북스, 2014 ★★★

『감정의 성장』 김녹두, 위고, 2015 ★★★★

공감 기술 기르기

• 상대의 말을 잘 듣는다.

• 타인의 말이나 상황을 평가하지 않는다.

• 상대의 말이나 행동 이면에 깔려 있는 생각과 감정을 읽는다.

• 공감하고 있다는 것을 표현한다.

전문성

전문성을 갖추려면?

도현이는 항공 정비사가 되고 싶다. 그런데 항공 정비사를 직접 만나 본 적이 한 번도 없다. 주위에 공항이 있는 것도 아니고 비행기를 직접 가까이서 본 적도 없다.

그래서 자신이 꾸는 꿈이 너무 생뚱맞고 낯설어서 진짜 내 꿈이 맞는지 가끔 헷갈린다. 주 선생님에게 이야기했더니 『하늘, 비행기, 사람들』 이근영·조일주, 준커뮤니케이션즈, 2015 , 『항공기 기체』 김우진, 태영문화사, 2014 , 『항공기 구조 및 비행안전』 이병선, 백산출판사, 2010 , 『항공기 동력 장치』 임종규, 한재기, 성안당, 2013 등 몇 가지 책을 권해 주셨다.

일단 도서관으로 가서 빌릴 수 있는 것은 빌리고 몇 권은 엄마에게 말씀드려서 구입했다. 도현이 수준에 읽기 쉬운 책도 있고, 어려운 책도 있었다. 어렵게 느껴지는 책을 이해하고 배우기 위해 공부해야겠다는 마음도 더 단단해졌다.

앞으로 어떤 공부를 하게 될지 알게 되니 지금부터 공부 목표를 더욱 명확하게 정할 수 있었다. 어떤 공부를 더 열심히 해야 하는지도 알게 됐다.

뿌연 안갯속 같던 미래가 손에 잡힐 듯 선명해졌다. 책을 쓴 저자의 이력을 보니 자신이 어떤 길로 가야 할지도 보인다.

관련 도서

『실패의 전문가들』 정유리·정지영, 샘터, 2012 ★★★

『단 한 줄의 승리학 : 세계를 움직이는 0.1%의 성공비결』 김형섭, 밀리언하우스, 2007 ★★★

『당신에게 집중하라』 워렌 베니스, 리더스북, 2011 ★★★

◎ 전문가 로드맵

-내가 잘할 수 있는 일 목록

좋아하는 일	강점을 키우는 방법	관련 교과 단원	읽어 볼 도서	관련 직업
역사 드라마 보기	드라마 등장인물 실제 이야기 찾아보기	역사 : 한국사	『조선 과학 왕조 실록』 정완상, 이치 2008 ★★★	역사학자 / 역사 여행 가이드
친구와 수다떨기	친구들의 고민이나 생각 잘 듣고 공감하기	국어 : 수필, 소설 읽고 주제 찾기	『야매상담:이 땅의 청춘들에게』 오선화, 홍성사, 2015 ★★★	상담교사 / 심리분석 전문가

-전문성을 키우기 위한 실천 전략 수립하기

잘하는 일	필요한 능력	능력 키우는 방법	당장 실천할 수 있는 일
애니메이션 캐릭터 그리기	-스케치 -크로키 -스토리 창작	-스케치 연습 -크로키 그리기 -풍경 스케치 -꾸준한 독서	-주변 풍경 사진 찍고 그림으로 옮기기 -디자인 학원 수강하기 -다양한 애니메이션 보기

동화 쓰기	−새로운 이야기 쓰기 −상상력 기르기	−다양한 경험 −여행 −다른 사람과 공감 하기 −친구 이야기 듣기 −동화 쓰기	−매일 일기 쓰기 −친구와의 이야기 기록하기 −상상 일기 쓰기 −책 읽고 생각한 내용 기록하기

−나에게 맞는 직업 및 전공 설계

좋아하는 일	관련 직업	관련 전공	개설 대학교	입학 전략
새로운 것 만 들기	미술 조형 작가	조소과	−홍익대학교 −상명대학교 −경북대학교	−수능 최저 등급 대비 −내신 성적 올리기 −실기 시험 준비
화학 실험 기 록하기	신약 개발 연구 원	화학공학과	−서울시립대학교 −연세대학교 −배재대학교	−학생부 종합전형 분석 −비교과 활동 설계 −자기소개서 준비 −전공 관련 도서 읽고 분석 −내신 성적 올리기

-대학교 학과 홈페이지 검색(전공 과목 탐색)

홈페이지 탐색 대학교		국립공주대학교	
전공학과		자연과학대학 / 문화재보존과학과	
1학년 과목	−문화재 보존 과학 개론 −고고학 개론 −문화재학 개론 −문화재 재료학 및 실험 −문화재 기초화학 및 실험	2학년 과목	−문화재 분석학 및 실습 −문화재 유산 기초지질학 및 실험 −한국 건축사 −문화재 보존 화학 및 실험 −기기분석학 −문화 유적의 발굴 −문화 원형 복원 및 실습 −토기 · 도자기 보존 실습
3학년 과목	−문화유산의 보존과 복원 실습 −유리 문화재의 보존과 복원 −고고과학의 이론과 방법 −고고문화재 실측 −철 · 단청 실습 −전통 건축 구조 및 시공 −석조 문화유산 보존 과학 및 실습 −고고화학 −한국 미술사 −문화재 복제학 및 실습	4학년 과목	−고고학과 박물관 −금속 문화재 보존 실습 −캡스톤 디자인 −문화유산 진단 기술론 −전통과학사 −유기질 문화재 보존 과학 −목조 문화재 안전관리 −문화재 환경과 예방 보존

홈페이지 탐색 대학교			
전공학과			
1학년 과목		2학년 과목	
3학년 과목		4학년 과목	

-전공 도서 탐색하기

직업	관련 학과	전공 교과목	전공 도서 및 관련 도서 탐색
외교관	정치외교학과	-외교정책론 -한국외교론 -현대 정치 이론 -정치학 개론 -국제관계론	『대통령의 셰프』질 브라가르·크리스티앙 루도, 알덴테 북스, 2014 ★★★ 『사료로 본 한국의 정치와 외교』김용직, 성신여자대학교출판부, 2005 ★★★★ 『MT 정치외교학』최진우, 청어람, 2011 ★★★★ 『글로벌 정치와 중국 외교』왕이저우, 한울아카데미, 2010 ★★★★

제3장

진로 유형별 독서 전략은 어떻게 세울까

진로 유형 찾기

중학생부터는 진로를 찾기 위해 학교에서 다양한 진로 심리 검사를 진행할 거야. 아마 몇 번 검사를 했던 친구들도 있지? 이런 검사는 대부분 타의에 의해 이루어지고 단체로 이루어지는 경우가 많아서 형식적인 일로 느껴질 수도 있지만, 나에 대해 객관적으로 알아볼 수 있는 소중한 기회야. 자아에 대한 이해 방법으로 '나는 누구인가'라는 질문에 스스로 답을 찾아가는 방법도 있어. 그러나 오랜 연구에 의해 개발된 진로 심리 검사를 이용해서 자신의 진로 유형에 대해 객관적으로 알아 두는 것도 꼭 필요한 전략이야.

대부분 학생이 진로 검사를 해도 결과를 받으면 당일 잠깐 훑어보고 책장속에 깊이 넣어 버리는 경우가 많아. 그러면 몇 달 지나지 않아 자신의 유형을 잊어버리게 될 거야. 학자들이 오랫동안 연구해 알려 준 객관적인 진로 검사 결과가 무용지물이 되어 버리지.

혹시 지금까지 한 진로 검사 결과지가 있다면 찾아서 꺼내 봐. 그리고 이 제부터 진로 검사를 하게 된다면 결과를 가지고 진로 독서를 해 봐. 자신이 흥미를 느낄 만한 분야의 책이나 소중히 생각하는 가치관에 부합하는 책, 적성과 관련된 직업에 대한 정보가 담긴 책을 찾아서 읽으면 독서가 더 재미있어지고 기억에도 오래 남을 거야.

진로에 대한 관심이 높아지면서 각종 진로 검사를 할 수 있는 기관과 프로그램이 많거든. 한 가지 검사만 하지 말고 적성, 흥미, 성격, 가치관 검사를 골고루 해 보면 좋아. 공통적으로 추천하는 직업은 너에게 의미가 있다는 것을 기억해. 꼭 학교 단체 검사나 비용을 지급하지 않더라도 워크넷과 커리어넷에서는 무료로 적성, 흥미, 가치관 등을 검사할 수 있어. 홀랜드, 다중지능, MBTI 등의 검사를 통해서도 필요한 정보를 얻을 수 있으니까 진로 독서를 위해 활용해 보도록 하자.

직업 관련 심리 검사 실시 기관

종류	검사	사이트
흥미 검사	직업 흥미 검사	워크넷 www. work.go.kr 커리어넷 www.career.go.kr
	홀랜드 진로 탐색 검사	가이던스 www.guidance.co.kr
	진로 흥미 검사	한국적성연구소 www.julsungtest.co.kr
	스트롱 진로 탐색 검사	어세스타 www.assesta.com
적성	적성 검사	워크넷 www. work.go.kr
	직업 적성 검사	커리어넷 www.career.go.kr
성격	직업 인성 검사	워크넷 www. work.go.kr
	MBTI 성격 유형 검사	어세스타 www.assesta.com

뭘 좋아하니?
— 홀랜드 흥미 유형

사람들은 성격이나 자신에 대한 평가, 선호하는 활동, 적성, 가치관 등 많은 분야에서 각자 개성을 가지고 있어. 경력 상담가였던 홀랜드(Holland, J.)는 이런 차이를 기초로 해서 평소 활동, 자신의 재능, 선호하는 직업이나 분야, 일반적인 성향 등의 영역에서 개인이 나타내는 6가지 유형으로 개인의 흥미 구조를 분류했어.

각 직업의 환경은 그 환경에서 우세하게 생활하는 사람들의 흥미 유형을 반영하는 것이어서 개인의 흥미 유형이 직업의 흥미 유형과 일치할 때 직업 생활의 성과가 더 크다고 볼 수 있어.

홀랜드 유형은 '현실형(R), 탐구형(I), 예술형(A), 사회형(S), 기업형(E), 관습형(C)' 등 크게 6가지 유형으로 나누어져. 하지만 사람에게는 한 가지 유형의 성질만 있는 것이 아니니까 사회형 · 예술형(SE), 사회형 · 관습형

(SC) 등 서로 다른 유형을 함께 가지고 있다는 것을 이해하고 분류하는 것도 필요해.

'직업 흥미 유형'이 궁금하다면 다음 표에서 확인을 해 보자. 이건 약식 검사니까 기회가 된다면 앞에서 소개한 사이트를 활용해서 제대로 된 검사를 해 보는 것을 권해.

직업 흥미 테스트

현실적 흥미		탐구적 흥미		예술적 흥미	
직업	응답	직업	응답	직업	응답
소방대원	5 4 3 2 1	과학자	5 4 3 2 1	화가	5 4 3 2 1
기술자	5 4 3 2 1	발명가	5 4 3 2 1	연예인	5 4 3 2 1
동물 전문가	5 4 3 2 1	학자	5 4 3 2 1	가수	5 4 3 2 1
요리사	5 4 3 2 1	물리학자	5 4 3 2 1	디자이너	5 4 3 2 1
농부	5 4 3 2 1	의사	5 4 3 2 1	예술가	5 4 3 2 1
목수	5 4 3 2 1	컴퓨터 프로그래머	5 4 3 2 1	만화가	5 4 3 2 1
피아노 조율사	5 4 3 2 1	천문학자	5 4 3 2 1	무용가	5 4 3 2 1
운전기사	5 4 3 2 1	비행기 조종사	5 4 3 2 1	음악가	5 4 3 2 1
어부	5 4 3 2 1	수학 교사	5 4 3 2 1	조각가	5 4 3 2 1
건축 설계사	5 4 3 2 1	생물학자	5 4 3 2 1	작가	5 4 3 2 1
합계		합계		합계	

사회적 흥미		사업적 흥미		관습적 흥미	
직업	응답	직업	응답	직업	응답
상담자	5 4 3 2 1	탐험가	5 4 3 2 1	은행원	5 4 3 2 1
간호사	5 4 3 2 1	변호사	5 4 3 2 1	공무원	5 4 3 2 1
유치원 교사	5 4 3 2 1	영화감독	5 4 3 2 1	회사원	5 4 3 2 1
초중고 교사	5 4 3 2 1	정치가	5 4 3 2 1	경비원	5 4 3 2 1
스튜어디스	5 4 3 2 1	아나운서	5 4 3 2 1	약사	5 4 3 2 1
학교 교장	5 4 3 2 1	사업가	5 4 3 2 1	비서	5 4 3 2 1
종교인	5 4 3 2 1	사회자	5 4 3 2 1	우체국 직원	5 4 3 2 1
외교관	5 4 3 2 1	방송 연출가	5 4 3 2 1	통역사	5 4 3 2 1
응원 단원	5 4 3 2 1	여행 안내원	5 4 3 2 1	보디가드	5 4 3 2 1
대학교수	5 4 3 2 1	자동차 판매사	5 4 3 2 1	법무사	5 4 3 2 1
합계		합계		합계	

나의 진로 흥미

점수가 높은 유형 1순위	점수가 높은 유형 2순위

홀랜드 흥미 6가지 유형의
특징과 독서 전략

학교 또는 개인적으로 '홀랜드 흥미 검사'를 하게 되면 검사 결과에 나오는 유형 이름만 훑어보지 말고 유형의 특징과 능력, 선호 직업이나 학과 등을 탐색해 보도록 해. 어떤 유형인지 보기도 하고, 어떤 유형은 자신이랑 전혀 동떨어진 유형인지도 함께 보면 자신의 객관적 특징에 대해 알 수 있어서 진로를 설정하는 데 도움이 돼. 흥미 검사를 한 결과가 있다면 자신의 유형에 해당하는 설명을 읽어 보고, 만약 검사 결과가 없다면 특징들을 살펴보면서 자신에게 해당되거나 흥미 있는 단어나 문장에 동그라미를 쳐 봐. 나는 어떤 유형일 것 같다고 짐작이 될 수도 있어. 그리고 나중에 직접 검사를 해 보면 자신이 생각한 유형과 검사 결과를 비교해 보도록 하자.

현실형(Realistic)

특징

•솔직하다 •성실하다 •검소하다 •지구력이 있다 •신체적으로 건강하다 •소박하다 •말수가 적다 •고집이 있다 •직선적이다 •남성적이다 •단순하다

표현

•순하다 •말이 적다 •냉정하다 •건실하다 •기계적이다 •구체적이다 •실리적이다 •비사교적이다 •솔직하다 •순응적이다 •고집스럽다 •실제적이다 •검소하다

흥미

-분명하고 질서 정연하고 체계적인 대상에 흥미를 갖는다.
-연장 기계, 동물을 조작하는 활동이나 신체적인 기술을 좋아하고 교육적, 치료적 활동은 좋아하지 않는다.

능력

-기계적, 동적인 능력은 있지만, 대인 관계 능력은 부족하다.
-수공, 농업, 정기, 기술적 능력은 높지만, 교육적 능력은 부족하다.

관련 직업

•해양경찰관 •제과제빵사 •가전제품 설치 및 수리원 •치과 기공사 •

측량사 •철도기관사 •악기 수리 조율사 •직업 군인 •교도관 •도선사
•소방관 •자동차 정비사 •인쇄기 조작원 •택배원 •비파괴 검사원 •
경찰관 •동물 조련사 •항공기 조종사 •토목공학 기술자 •전기 기술자
•항공기 정비사 •조리사 •통신 장비 설치 수리원 •버스 운전기사

선호 학과

•경찰학과 •경호학과 •교통공학과 •금속공학과 •기계공학과 •낙농
학과 •냉동학과 •농학과 •동물자원학과 •사관학교 •산림과학과 •농
업공학과 •소방학과 •수의학과 •식물자원학과 •안전공학과 •원예학
과 •의학공학과 •자동차공학과 •전기공학과 •조경학과 •체육학과 •
축산학과 •토목공학과 •항공교통학과 •항공우주공학과 •화학공학과
•자동차튜닝과 •신재생에너지과 •치기공학과

관심 도서

직접 신체를 움직여서 하는 활동이나 눈에 보이는 결과가 나타나는 일,
기계를 다루는 일, 기술적인 일을 좋아해. 자연과 야외 활동을 좋아하며, 손
동작을 활용하는 일에도 흥미가 많아.

그래서 현실형은 기술적인 직업이나 신체를 활용하는 일 등을 다룬 책을
읽어 보면 좋아.

또 현실형은 사회적 기술이 부족하기 때문에 사회성을 키우고 싶다면 사
회형이 좋아하는 책들을 읽는 것도 단점을 보완할 수 있는 방법이야.

관련 도서

『내일은 바게트』 이은용, 문학과 지성사, 2014 ★

『홈으로 슬라이딩』 도리 힐레스타드 버틀러, 미래인, 2010 ★

『열네 살 농부 되어보기』 이완주 · 정대이 · 박원만, 들녘, 2013 ★★

『노벨상과 수리공』 권오상, 미래의창, 2014 ★★★

『공학이란 무엇인가 : 카이스트 교수들이 이야기하는 공학의 현재와 미래』

성풍현 외, 살림Friends, 2013 ★★★

탐구형(Investigative)

특징

• 탐구심이 많다 • 논리적이다 • 분석적이다 • 합리적이다 • 정확하다 • 지적 호기심이 많다 • 비판적이다 • 내성적이다 • 수줍음을 잘 탄다 • 신중하다

표현

• 분석적이다 • 지적이다 • 호기심 많다 • 학구적이다 • 꼼꼼하다 • 정확하다 • 비판적이다 • 신중하다 • 합리적이다 • 나서지 않는다 • 소극적이다 • 인기가 없다

흥미

-관찰력이 있고 상징적, 체계적이며 물리적·생물학적·문화적 현상의 창조적인 탐구를 수반하는 활동에 흥미를 보인다.
-사회적이고 반복적인 활동에는 관심이 부족한 면이 있다.

능력

-학구적, 지적인 자부심을 가지고 있으며 수학적·과학적인 능력은 높지만, 지도력이나 설득력은 부족하다.
-연구 능력이 높다.

관련 직업

•약사 •조향사 •임상 심리사 •환경공학 기술자 •물리학 연구원 •지리정보 시스템 전문가 •한의사 •수의사 •경제학 연구원 •마케팅 및 여론조사 전문가 •경영 컨설턴트 •석유화학 기술자 •역사학 연구원 •의사 •도시 계획가 •시스템 소프트웨어 개발자 •식품학 연구원 •컴퓨터 프로그래머 •컴퓨터 프로게이머 •게임 기획 전문가 •전자공학 기술자 •대학교수 •영양사 •화학 연구원 •조선공학 기술자

선호 학과

•의학과 •환경공학과 •정보미디어학과 •에너지공학과 •조선해양공학과 •원자력공학과 •전기공학과 •언어치료학과 •지적학과 •도시지역계획학과 •항공우주공학과 •소프트웨어공학과 •의료공학과 •한의학과 •치의학과 •약학과 •임상병리학과 •통계학과 •환경과학과 •방사선

학과 •수학과 •안경광학과 •모바일게임과 •경제학과 •제약학과 •정보보호학과 •스마트 소프트웨어 전공 •전자공학과 •신소재공학과

관심 도서

궁금한 것에 대해 질문을 많이 하고 새로운 정보에 관심이 많아. 새로운 사실을 알아내거나 밝히는 데 시간을 쓰기도 하지. 복잡한 문제라도 끝까지 풀어내려고 궁리를 하며, 이런 일에 성취감을 느끼는 성향이 있어.

자신의 관심 분야를 깊이 다룬 책이나 탐구형 관련 직업이나 분야를 다룬 책을 찾아서 읽어 보는 것이 좋아.

반면에, 리더십 기술이 부족한 편이야. 리더십 기술을 높이고 싶은 경우는 기업형에게 추천하는 도서를 읽어서 리더십 기술을 보완해 보자.

-흥미 : 어떤 분야든 자신의 관심 분야를 깊이 다룬 책, 지적 탐구를 해 주는 책
-단점 보완 : 기업형 추천 도서를 읽고 리더십 기술 보완

관련 도서

『소녀 적정기술을 탐하다』 조승연, 뜨인돌, 2013 ★★

『교실 밖 펄떡이는 과학 이야기』 이영직, 스마트주니어, 2013 ★★

『경제학자의 생각법』 하노 벡, 알프레드, 2015 ★★★

『파인만 이야기』 해리 러바인 3세, 움직이는서재, 2015 ★★★

예술형(Artistic)

특징

• 상상력이 풍부하다 • 감수성이 강하다 • 자유분방하다 • 개방적이다 •
독창적이다 • 개성이 강하다 • 협동적이지 않다

표현

• 직관적이다 • 까다롭다 • 감성적이다 • 관념적이다 • 복잡하다 • 순응
하지 않는다 • 충동적이다

흥미

-예술적 창조와 표현, 변화와 다양성을 좋아하고 틀에 박힌 것을 싫어한다.
-모호하고 자유롭고 상징적인 활동을 좋아하지만, 명쾌하고 체계적이고
구조화된 활동에는 흥미가 없다.

능력

-미술적, 음악적 능력은 있지만 사무적 기술은 부족하다.
-상징적, 자유적, 비체계적 능력은 있지만 체계적 · 순서적인 능력은 부족
하다.

관련 직업

• 미술가 • 일러스트레이터 • 메이크업 아티스트 • 건축설계 기술자 • 애
니메이터 • 연주가 • 안무가 • 제품 디자이너 • 조경 기술자 • 사진작가

•출판물 편집자 •미용사 •모델 •게임 그래픽 디자이너 •방송 작가 •영상 편집 기사 •인테리어 디자이너 •배우 •연예 프로그램 진행자 •가수 •아나운서 •기자 •통역사 •번역사 •작곡가 •소설가

선호 학과

•연극영화과 •무용학과 •언론정보학과 •패션디자인학과 •산업디자인과 •미술사학과 •플로리스트과 •실내디자인학과 •국어국문학과 •중어중문학과 •영어영문학과 •문예창작과 •시계주얼리과 •패션 코디 컬러리스트과 •발명특허학과 •실용음악과 •분장예술과 •공예학과 •방송영상학과

관심 도서

예술 작업에 직접 참여하거나 관객이 되는 것을 즐기는 유형이야. 꼭 예술가가 되는 것만 예술형이 아니라 예술과 관련된 놀이나 취미를 즐기는 사람도 예술형이야.

무엇인가 그리고 만들고 장식하고 창의적인 아이디어를 표현해내는 것을 좋아하는 예술형은 예술 분야의 도서나 창의성을 증진시킬 수 있는 책, 예술가를 다룬 책 등을 읽어 봐.

자유로운 예술형은 규범적인 기술이 부족해. 이런 성향을 보완하려면 관습형에게 추천하는 도서를 읽고 규범성에 대해 함께 이야기를 나눠 보는 것도 좋아.

–흥미 : 예술 분야의 책, 창의성을 높이는 책, 예술가를 다룬 책
–단점 보완 : 관습형 추천 도서를 읽고 부족한 규범적 성향 보완

관련 도서

『1cm art 일센티 아트』 김은주, 허밍버드, 2015 ★★

『나의 직업 미용사』 동천기획연구실, 동천출판, 2014 ★★

『광고천재 이제석 : 한국이 버린 광고천재, 슈퍼 을이 되어 돌아오다』 이제석, 학고재, 2014 ★★★

사회형(Social)

특징

• 사람들을 좋아한다 • 어울리기 좋아한다 • 친절하다 • 이해심이 많다 • 남을 잘 도와준다 • 봉사적이다 • 감정적이다 • 이상주의적이다. • 사랑, 평등, 헌신, 인간존중, 공익, 용서, 봉사, 타인들을 돕는다.

표현

• 이해심 있다 • 친절하다 • 우호적이다 • 사회성이 있다 • 외향적이다 • 관대하다 • 따뜻하다 • 재치 있다 • 도움을 준다 • 협동적이다

흥미

-타인의 문제를 듣고 이해하고 도와주고 치료해 주고 봉사하는 활동에 흥미를 보인다.

-기계, 도구, 물질과 함께하는 명쾌하고 질서 정연하고 체계적인 활동에는 흥미가 없다.

능력

-사회적, 교육적, 지도력과 대인 관계 능력은 있지만 기계적·과학적 능력은 부족하다.

-기계적, 체계적 능력이 부족하다.

관련 직업

•여행 가이드 •물리치료사 •작업 치료사 •특수교사 •치과 위생사 •간호사 •사회복지사 •원예치료사 •장례 지도사 •성직자 •직업 재활 상담사 •청능사 •미술치료사 •보육 교사 •언어 치료사 •체형 관리사 •보호관찰관 •청소년 상담사 •중학교 교사 •응급구조사 •직업 상담사 •유치원 교사 •놀이 치료사 •초등학교 교사 •방사선 치료사

선호 학과

•철학과 •종교학과 •영어교육과 •체육교육과 •미술교육과 •유아교육과 •컴퓨터교육과 •화학교육과 •주거환경학과 •작업치료학과 •치위생과 •재활학과 •청소년학과 •소비자학과 •교육공학과 사회학과 •아동복지학과 •레저스포츠학과 •응급구조학과 •체육학과 •간호학과 •사회체육과 •사회복지학과 •푸드 스타일리스트과

관심 도서

사회형은 다른 사람들과 협력하여 일하는 것을 좋아해. 사람들과 함께하는 일, 남을 도와주는 일, 다른 사람을 가르치는 일에도 관심이 많아. 따라서 사회형은 사람들과 함께하는 직업에 관한 책이나 다른 사람과 마음을 나누

는 주제를 다루는 책에 흥미가 생겨.

반대로 기계적이고 과학적인 능력이 부족해. 현실형 추천 도서를 읽어 보면 이 부분을 보완하는 데 도움이 될 거야.

> –흥미 : 다른 사람과 함께 나누는 소재의 책, 가르치는 직업에 관한 책
> –단점 보완 : 현실형 추천 도서를 읽고 기계적, 과학적 능력 보완

관련 도서

『나는 대한민국의 행복한 교사다』 이영미, 도토리창고, 2012 ★★

『야매상담 : 이 땅의 청춘들에게』 오선화, 홍성사, 2015 ★★★

『여행 보내주는 남자』 박배균, 더클, 2015 ★★★

기업형(Enterprising)

특징

• 지배적이다 • 통솔력이 있다 • 지도력이 있다 • 말을 잘한다 • 설득력이 있다 • 경쟁적이다 • 야심적이다 • 외향적이다 • 낙관적이다 • 열성적이다 • 영향력을 발휘한다

표현

• 외향적이다 • 지배적이다 • 열성적이다 • 설득적이다 • 획득하려고 한다 • 모험심이 있다 • 과시적이다 • 쾌락 추구의 말을 잘한다 • 활기차다 • 자신감 있다

흥미

-조직의 목적과 경제적 이익을 얻기 위해 타인을 선도, 계획, 통제, 관리하
는 일과 그 결과로 얻어지는 위신, 인정, 권위를 얻는 활동을 좋아한다.
-관찰적, 상징적, 체계적 활동에는 흥미가 없다.

능력

-적극적이고 사회적이고 지도력과 언어의 능력은 있지만 과학적인 능력은
부족하다.
-대인간 설득적인 능력은 있지만 체계적인 능력은 부족하다.

관련 직업

• 기업경영인 • 정치가 • 관리자 • 웨딩플래너 • 스킨케어 전문가 • 항공
기 객실 승무원 • 광고홍보 전문가 • 금융자산 • 운용가 • 선장 및 항해사
• 수산 양식업자 • 법무사 • 변리사 • 관세가 • 공인노무사 • 물류관리 전
문가 • 검사 • 큐레이터 • 공인중개사 • 안경사 • 텔레마케터 • 소믈리에
• 경호원 • 영화감독 • 사이버 수사 요원 • 방송 프로듀서 • 판사 • 바리
스타

선호 학과

• 법학과 • 호텔경영학과 • 마케팅학과 • 관광학과 • 항공서비스학과 •
행정학과 • 국제경영학과 • 광고홍보학과 • 물류유통학과 • 전자상거래학
과 • 무역학과 • 금융보험학과 • 생명과학과 • 식품공학과 • 건축공학과
• 메카트로닉스공학과 • 화학공학과 • 조경학과 • 세라믹공학과 • 도시공

학과 •재료공학과 •의무행정과 •국제지역과 •경호학과

관심 도서

기업형은 남보다 앞장서서 통솔하기를 좋아해. 리더십을 발휘해 일을 책임지고 주도적으로 하려는 경향이 있어서 이런 역할에 대해 다루고 있는 책을 읽으면 흥미가 생길 거야.

기업형은 체계적이며 과학적인 능력이 부족해. 탐구형 추천 도서를 통해 보완해 봐.

─흥미 : 리더십을 다룬 책, 경영이나 관리에 관한 책
─단점 보완 : 탐구형 추천 도서를 읽고 체계적이고 과학적인 능력 보완

관련 도서

『우화경영 : 짧은 이야기 속 위대한 메시지』 장박원, 매일경제신문사, 2015 ★★

『광고인이 말하는 광고인』 편집부, 부키, 2008 ★★★

『확장하는 PD와의 대화』 홍경수, 사람in, 2014 ★★★

관습형(Conventional)

특징

•정확하다 •빈틈이 없다 •조심성이 있다 •세밀하다 •계획성이 있다
•변화를 좋아하지 않는다 •완고하다 •책임감이 강하다

표현

• 보수적이다 • 관습적이다 • 절제하다 • 순응적이다 • 방어적이다 • 실천적이다 • 유순하다 • 사무적이다 • 능률적이다 • 검소하다 • 질서 정연하다 • 상상력이 없고 방법적이다

흥미

-정해진 원칙과 계획에 따라 자료들을 기록, 정리, 조직하는 일을 좋아하고 체계적인 작업 환경에서 사무적, 계산적 능력을 발휘하는 활동을 좋아한다.
-창의적, 자율적, 모험적, 비체계적인 활동은 매우 혼란을 느낀다.

능력

-사무적이며 계산적이고 회계 정리 능력은 있지만 예술적인 상상력은 부족하다.
-체계성 정확성은 있지만 탐구적, 독창적 능력은 부족하다.

관련 직업

• 통계학 연구원 • 투자분석가 • 공인회계사 • 사서 • 임상병리사 • 세무사 • 출입국 심사관 • 웹 기획자 • 항공권 발권 사무원 • 컴퓨터 보안 전문가 • 전문 비서 • 보석 감정사 • 게임 딜러 • 항공 교통 관제사 • 보험 계리사 • 출납창구 사무원 • 컴퓨터 속기사 • 우편물 집배원 • 전화번호 안내원 • 손해사정사 • 보험 사무원 • 의무기록사 • 법률 사무원 • 회계 사무원

선호 학과

• 회계학과 • 비서학과 • 세무학과 • 보건관리학과 • 보건행정학과 • 의무행정과 • 물류시스템공학과 • 보험계리학과 • 금융보험학과 • 윤리교육학과 • 문헌정보학과 • 경영정보학과 • 정보통신공학과 • 호텔카지노과 • 함정기술과 • 자동차딜러과 • 국방탄약과

관심 도서

정해진 조직이나 틀 안에서 일하는 것을 좋아해. 일을 할 때도 체계적인 절차와 방법으로 처리하는 것을 편안해 하는 유형이야. 일의 효율성을 중요시하고, 체계적이고 잘 짜인 조직에서 일하기를 좋아하지만 스스로 알아서 창의적으로 해야 하는 작업은 힘들어 할 수 있어.

체계적인 틀 안에서 이루어지는 일을 다루는 직업에 관련한 일이나 잘 짜인 일상 안에서 성공을 이루는 스토리에 관한 책을 읽어 봐.

관습형은 심미적 활동이 약한 편이야. 예술형 추천 도서를 통해 이런 점을 보완할 수도 있을 거야.

─흥미 : 체계적인 일상에서 성공을 거두는 책, 관습형 직업을 다룬 책
─단점 보완 : 예술형 추천 도서를 읽고 창의성, 심미성 보완

관련 도서

『아니야, 우리가 미안하다』 천종호, 우리학교, 2013 ★★

『행복한 고집쟁이들』 박종인, 나무생각, 2010 ★★

『따뜻한 기술』 이인식, 고즈윈, 2012 ★★★

『사무실의 멍청이들』 켄 로이드, 길벗, 2014 ★★★

나의 홀랜드 유형은?	
유형 특징	
나의 유형과 관련된 관심 직업 중 관심 직업	
나의 유형과 관련된 학과 중 관심 학과	
나의 흥미에 맞는 도서 목록	
흥미 독서한 뒤 느낀 점	
단점을 보완해 줄 도서 목록	
단점 보완 독서한 뒤 느낀 점	

강점 지능별 특징과
롤모델 스토리

음악 지능

음악에 대한 전반적인 직관적 이해와 분석적이고 기능적인 능력이 있어
(음에 대한 지각력, 변별력, 변형력, 표현력).

강점

-취미 생활로 악기 연주나 음악 감상을 즐긴다.

-악보를 보면 그 곡의 멜로디를 어느 정도 알 수 있다.

-다른 사람의 연주나 노래를 들으면 어떤 점이 부족한지 알 수 있다.

-다른 사람과 노래할 때 화음을 잘 넣는다.

-악기를 연주할 때 곡의 음정, 리듬, 빠르기, 분위기를 정확하게 표현한다.

-어떤 악기라도 연주법을 비교적 쉽게 배운다.

-빈칸을 주고 어떤 곡을 채워 보라고 하면 박자와 전체 곡의 분위기에 맞게 채울 수 있다.

추천 직업

• 성악가 • 가수 • 작곡가 • 작사가 • 연주가 • 음악 평론가 • 라디오 선곡자 • 가수 프로듀서 • 음악 교사 • 레코드점 사장 • 음악 치료사 • 음향 기술자 • 피아노 조율사 • DJ • 음반 제작자 • 반주자 • 음악 공연 연출가 • 지휘자

롤모델 스토리

『신재효』 성나미, 파랑새어린이, 2007 ★

『아마데우스 모차르트』 말테 코르프, 인물과사상사, 2007 ★★

『베토벤 : 불굴의 힘』 필리프 A. 오테시에, 시공사, 2012 ★★

『루이 암스트롱 : 전 세계인의 사랑을 받은 재즈의 왕』 요나 젤디스 맥도나우, 올파소, 2010 ★★

『세상에 너를 소리쳐!』 빅뱅, 쌤앤파커스, 2009 ★★

『지금이 가장 좋습니다 : 가야금 음악가 황병기 이야기』 우순교, 웅진주니어, 2012 ★★

『페테르부르크가 사랑한 천재들 : 푸슈킨에서 차이코프스키까지』 조성관, 열대림, 2014 ★★★

『토스카니니』 이덕희, 을유문화사, 2004 ★★★

신체·운동 지능

신체의 운동을 손쉽게 조절하는 능력, 손을 사용하여 사물을 만들어 내고 변형시키는 능력이 있어.

강점
-운동 경기를 보면 운동선수들의 장단점을 잘 잡아낸다.
-평소에 몸을 움직이며 활동하는 것을 좋아한다.
-어떤 운동이라도 한두 번 해 보면 잘할 수 있다.
-운동을 잘한다는 말을 자주 듣는다.
-뜨개질이나 조작, 조립과 같이 섬세한 손놀림이 필요한 활동을 잘할 수 있다.
-개그맨이나 탤런트, 주변 사람들의 행동을 잘 흉내 낼 수 있다.
-연기나 춤으로 내가 전하고자 하는 것을 잘 표현할 수 있다.

추천 직업
•운동선수 •배우 •기술자 •댄서 •무용수 •댄스 가수 •경찰 •검사 •보디가드 •운동 지도자(코치, 감독, 관장, 사범, 심판) •안무가 •스포츠 해설가 •외과 의사 •물리 치료사 •레크레이션 지도자 •체육 교사 •보석 세공인 •군인 •산악인 •치어리더 •조각가 •카레이서 •헬스 트레이너 •마술사

롤모델 스토리

『라이트 형제 : 하늘을 날다』^{김현태, 한국톨스토이, 2014 ★}

『펠레 : 브라질의 축구 황제』^{이승희, 한국헤밍웨이, 2014 ★}

『우리나라 최초 여성 파일럿 권기옥』^{임복남, 작은씨앗, 2007 ★★}

『무용가 이사도라 덩컨 : 현대 무용의 새벽을 열다』^{꼬나, 북스, 2011 ★★}

『날것의 인생 매혹의 요리사 : 파격과 야성의 요리사 열전』^{후안 모레노, 반비, 2013}
★★

『꿈이 있는 거북이는 지치지 않습니다 :김병만 달인정신』^{김병만, 실크로드, 2011 ★★}

『나를 버리다』^{박지성, 중앙북스, 2010 ★★}

『I Am Ali』^{2014(영화) ★★}

『지구는 푸른빛이었다 : 인류 최초의 우주비행사 유리 가가린의 우주로 가
는 길』^{유리 알렉세예비치 가가린, 갈라파고스, 2008 ★★★}

『찰리 채플린, 나의 자서전』^{찰리 채플린, 김영사, 2007 ★★★}

◎『바람의 딸, 우리 땅에 서다』 한비야, 푸른숲, 2014 를 읽고 - 중2 권강현

이 책은 한비야라는 작가가 우리나라 국토 종단을 하면서 쓴 일기를 바탕으로 책으로 쓴 것입니다.

한비야는 국토 종단과 세계 일주를 성공한 사람이기 이전에 구조대원이었다고 합니다. 한비야는 여자임에도 불구하고 국토를 종단했습니다. 이 말은 여자라고 할 수 없다는 뜻이 아니라 건장한 남성들도 하기 힘든 일이기 때문입니다.

한비야는 어릴 때부터 꿈이 '걸어서 세계 일주'였다고 합니다. 일반적인 사람이라면 자기가 원하는 좋은 직장에서 가족들과 함께 화목하게 오랫동안 사는 것이 보통의 꿈이라고 저는 생각합니다.

물론 저도 그것이 꿈입니다. 그래서 저는 한비야의 꿈이 특이하다고 생각했습니다. 왜 사서 고생을 하려고 그러는지 의문이 생겼습니다. 생각해 보니 꿈이라는 것은 굳이 자신이 편하고 좋은 삶을 살려고 하는 것이 아니라는 것입니다.

자신이 이뤄 보고 싶은 것이 꿈인데 저는 아직까지도 꿈의 뜻이 뭔지도 모르고 있었나 봅니다. 그래서 저는 제가 이뤄 보고 싶은 것 아니 꿈이 무엇인지 생각해 보았습니다. 사실 저는 겁이 많습니다. 겉으로는 표현하기는 싫지만 겁이 많아서 아직 웬만한 놀이 기구를 눈 뜨고 탄 적이 없습니다. 고작 바이킹 정도를 겁내지 않고 탈 수 있습니다.

그래서 제 꿈은 무서운 롤러코스터를 눈 뜨고 타는 것입니다(이미 서울에 있는 T-express를 친구들 덕분에(때문에?) 눈 감고 차~암 즐겁게 타 봤지요.). 그런 한비야의 꿈을 아는 한비야의 아버지는 항상 한비야에게 "해보지도 않고 어떻게 아니?"라는 말씀을 남기셨다고 합니다. 저도 이 말을 명심하고 다시 무서운 놀이 기구

에 도전해 보아야겠습니다.

한비야는 결국 세계 일주 7년, 국토 종단을 한 달에 걸쳐 성공했다고 합니다. 7년이라는 시간 동안에 세계 일주를 하다니 역시 '자신의 꿈의 힘은 대단하구나.'라는 생각을 했습니다. 저라면 10,000분의 1도 못 가서 아니 시도도 하지 못할 것입니다.

이 책은 아쉽게도 땅끝 마을부터 문경까지 이야기밖에 없습니다. 시간이 된다면 강원도 고성까지의 이야기도 읽어야겠습니다. 중간중간에 비가 오면 잠깐이라도 버스를 탈까 생각을 하다가 결국 버스를 타고 잠잘 곳을 찾아 자고 나서 다시 버스를 타고 어제 버스를 탔었던 데부터 다시 걸었다는 부분이 인상적이었습니다.

힘든 구간도 있고 고민되는 일도 많았지만 끝까지 참고 버티는 걸 보면서 '역시 사람은 마음먹기에 달렸구나.'하고 생각했습니다. 저도 희망을 가지고 꿈을 이뤄 보도록 노력해야겠습니다. 나중에 강원도 고성까지의 이야기를 읽고 세계 일주 이야기도 읽어 봐야겠습니다.

논리 · 수학 지능

숙자를 효과적으로 사용하는 능력, 사물 사이의 논리적 계열성을 이해하고 유사성과 차이점을 측정하고 사정하는 능력이 있어.

강점
-어떤 일이든 실험하고 검증하는 것을 좋아한다.
-수학이나 과학 과목을 좋아한다.
-다른 사람의 말 속에서 비논리적인 점을 잘 찾아낸다.
-학교생활에서 발생하는 문제를 해결하는 절차와 방법을 잘 알고 있다.
-물건의 가격이나 은행 이자 등을 잘 계산한다.
-어떤 것을 암기할 때 무작정 외우기보다는 논리적으로 이해하여 암기하곤 한다.
-어떤 문제가 생기면 성급하게 결론을 내리기보다는 여러 가지로 그 원인을 밝히려고 한다.

추천 직업
•과학자 •과학 교사 •수학자 •수학 교사 •전략가 •발명가 •탐정 •경찰 •의사 •증권 분석가 •은행원 •회계사 •컴퓨터 프로그래머 •소설가 •심리학자 •판사 •변호사 •검사 •발명가 •대학교수 •연구원 •정보기관원 •회사원(경리, 회계 업무) •통계학자

롤모델 스토리

『장영실, 하늘이 낸 수수께끼를 푼 소년』 박혜숙, 머스트비, 2014 ★

『토머스 에디슨』 캐런 월리스 글 · 피터 켄트 그림, 비룡소, 2008 ★★

『최무선과 진포대첩』 정종숙, 한솔수북, 2008 ★★

『과학 기술의 개척자들 : 갈릴레오에서 아인슈타인까지』

송성수, 살림출판사, 2009 ★★

『열정적인 천재, 마리 퀴리』 바바라 골드스미스, 승산, 2009 ★★

『과학의 문을 연 아르키메데스』 진 벤딕, 실천문학사, 2005 ★★★

『스티브 잡스』 월터 아이작슨, 민음사, 2015 ★★★★

공간 지능

방향 감각, 시각, 대상을 시각화하는 능력, 내적인 이미지와 사진과 영상
을 창출하는 능력이 있어.

강점

-손으로 물건을 만들고 그림 그리는 것을 좋아한다.

-어림짐작으로도 길이나 넓이를 비교적 정확히 알아맞힌다.

-다른 사람의 그림을 보고 평가를 잘할 수 있다.

-내 방이나 집을 꾸밀 때 어떤 재료를 사용해야 하고 어떻게 배치해야 할
  지 잘 알아낸다.

-다른 사람에게 그림 그리기나 만들기를 잘한다고 칭찬 받은 적이 있다.

-새로운 지식을 습득할 때 그림이나 개념 지도를 그려가며 외운다.

-고장 난 기계나 물건을 잘 고친다.

추천 직업

• 화가 • 공예가 • 건축가 • 건축 설계사 • 카레이서 • 디자이너 • 선장
• 파일럿 • 스타일리스트 • 만화가 • 미대 교수 • 연출가 • 코디네이터 •
메이크업 아티스트 • 조각가 • 운전기사 • 지도 삽화가 • 사진사 • 택시
운전사 • 화장품 관련 직업 • 요리사 • 동화 작가 • 큐레이터 • 서예가 •
일러스트레이터 • 치과 의사 • 지리학자

롤모델 스토리

『김홍도, 조선을 그리다』 박지숙, 푸른책들, 2009 ★★

『근대를 들어올린 거인 김정호 -조선 고지도 여행』 이기봉, 새문사, 2011 ★★

『아문센과 스콧 : 지구의 끝을 정복한 두 사나이』 피에르 마르크, 비룡소, 2005 ★★

『패션의 여왕 코코 샤넬』 이신조, 자음과모음, 2012 ★★

『미야자키 하야오 : 토토로의 아버지』 김나정, 자음과모음, 2013 ★★

『세계적인 천재 영화감독 스티븐 스필버그』 김남석, 현대출판사, 2015 ★★★

『스페인은 가우디다』 김희곤, 오브제, 2014 ★★★

『앙리 마티스』 캐럴라인 랜츠너, 알에이치코리아, 2014 ★★★

『프리다 칼로 : 나는 나의 현실을 그린다』 크리스티나 버루스, 시공사, 2009 ★★★

『레오나르도 다 빈치 평전 : 정신의 비상』 찰스 니콜, 고즈윈, 2007 ★★★★

언어 지능

단어를 효과적으로 사용하는 능력, (구두 또는 글로 표현하는) 언어를 이해하고 실용적 영역을 조직하는 능력이 있어.

강점

-다른 사람보다 어휘력이 풍부한 편이다.

-문장을 읽을 때 문법적으로 어색한 문장이나 단어를 잘 찾아낸다.

-나의 어렸을 때 꿈은 작가나 아나운서였다.

-글을 조리 있고 설득력 있게 쓴다는 말을 자주 듣는다.

-책이나 신문의 사설을 읽을 때 그 내용을 잘 이해한다.

-국어 시간이나 글쓰기 시간을 좋아한다.

-다른 사람이 하는 말의 핵심을 잘 파악한다.

추천 직업

•언론인 •방송인 •아나운서 •선교사 •변호사 •작가 •상담원 •통역사 •번역사 •한국어 강사 •세일즈맨 •생활설계사 •교사 •강사 •카피라이터 •관광가이드 •심리학자 •쇼호스트 •외교관 •성우 •문학 평론가 •개그맨 •사서 •시인 •방송 프로듀서 •경영자

롤모델 스토리

『안데르센이 쓴 안데르센 이야기』한스 크리스티안 안데르센, 비룡소, 2007 ★

『주시경 : 한글의 빛을 밝힌 어문민족주의자』이규수, 역사공간, 2014 ★★

『윤동주 : 순결한 영혼』 ^{류양선, 북페리타, 2015} ★★

『전설의 여기자 오리아나 팔라치』 ^{산토 아리코, 아테네, 2005} ★★

『내가 확실히 아는 것들』 ^{오프라 윈프리, 북하우스, 2014} ★★

『박지원의 한문소설 : 한 푼도 못 되는 그놈의 양반』 ^{김수업, 휴머니스트, 2013} ★★★

인간 친화 지능

다른 사람의 기분, 의도, 동기, 느낌을 분별하고 지각하는 능력, 타인에게 동기를 부여하고 변화에 대해 유추하는 능력, 감각과 대인 관계의 암시를 구별해 내는 능력, 실용적 방식으로 암시에 반응하는 능력이 있어.

강점
- 친구나 가족들의 고민거리를 들어주거나 해결하는 것을 좋아한다.
- 학교에서 왕따가 왜 발생하고 어떻게 해결하면 좋은지 알고 있다.
- 다른 사람들로부터 다정다감하다는 소리를 자주 듣는다.
- 학교 친구나 선생님, 선배의 기분을 잘 파악하고 적절하게 대처한다.
- 가족이나 학교 친구, 선배 등 누구와도 잘 지내는 편이다.
- 내가 속한 집단에서 내가 해야 할 일을 잘 찾아서 수행한다.
- 다른 사람들 앞에서 프레젠테이션이나 연설을 잘한다.

추천 직업
• 목사 • 수녀 • 선교사 • 안내원 • 의사 • 변호사 • 검사 • 심리학자

•상담원 •교사 •교수 •세일즈맨 •자영업자 •정신과 의사 •외교관
•대통령 •정치가 •고아원 원장 •연예인 •아나운서 •기자 •리포터
•광고인 •사회복지가 •심리치료사 •배우 •승무원 •간호사 •비서
•이벤트 사업가 •개인 사업가 •마케팅 조사원 •CEO

롤모델 스토리

『고정욱 선생님이 들려주는 세종대왕』 고정욱 글 · 이강 그림, 산하, 2015 ★

『간디의 삶과 메시지』 루이스 피셔, 문예출판사, 2015 ★★

『아프리카의 성자 슈바이처』 황영옥, 자음과모음, 2012 ★★

『백범 일지 : 하나 된 조국의 독립을 위해 몸을 던지다』 김구, 파란자전거, 2006 ★★

『이태영 : 남녀평등의 새 길을 연 최초의 여성변호사』 박지영, 뜨인돌어린이, 2007 ★★

『넬슨 만델라, 위대한 조정자』 김홍국, 미래를소유한사람들, 2014 ★★

『유누스, 빈곤 없는 세상을 꿈꿔 봐』 김이경, 탐, 2014 ★★

『유일한을 기억하다』 민석기, 중앙북스, 2015 ★★★

자기 성찰 지능

자아 이해에 관련된 지식과 그 지식을 기초로 적응하는 능력, 자신에 대해 정확히 알고 그에 따른 자아 훈련, 자아 이해, 자존감을 위한 능력, 메타인지, 영혼의 실체성 지각 등 고도로 분화된 감정들을 알아내어 상징화하는 능력이 있어. '자기 성찰 지능'은 어느 직업이나 기본적으로 갖고 있어야 하는 지능이야.

강점

-나 자신을 돌아보고 앞으로의 생활을 계획하는 것을 좋아한다.

-나의 건강 상태가 기분, 컨디션을 정확히 파악할 수 있다.

-내 생각이나 감정을 상황에 맞게 잘 통제하고 조절한다.

-평소에 내 능력이나 재능을 계발하기 위해 노력하고 있다.

-내 일정을 다이어리에 정리하는 등 규칙적인 생활을 위해 노력한다.

-어떤 일에 실패했을 때 그 원인을 철저히 분석해서 다음에는 그런 일이
  생기지 않도록 노력한다.

-앞으로 어떻게 성공할지에 대해 뚜렷한 신념을 가지고 있다.

추천 직업

• 발명가 • 수녀 • 신부님 • 프로그래머 • 심리학자 • 작가 • 사회학자
• 정신과 의사 • 상담원 • 스님 • 작곡가 • 목사 • 신학자 • 철학자 • 소
설가 • 역술인 • 기업가 • 예술인 • 심리 치료사 • 정신분석가

롤모델 스토리

『처음 만나는 공자』 김종옥, 산하, 2013 ★★

『정약용, 실학으로 500권의 책을 쓰다』 박지숙 글 · 양상용 그림, 보물창고, 2015 ★★

『이황 : 조선 시대의 대학자』 김영애 글 · 김수경 그림, 한국헤밍웨이, 2014 ★★

『마더 테레사가 들려준 이야기』 에드워드 르 졸리 · 자야 찰리하, 두레아이들, 2015 ★★

『원효』 고영섭, 웅진씽크하우스, 2008 ★★

『칸트 아저씨네 연극반』 예영, 주니어김영사, 2014 ★★★

자연 친화 지능

사물을 구별하고 분류하는 능력과 환경의 특징을 사용하는 능력, 분별하고, 대처하는 기능으로 사물을 분별하고 그 사물과 인간의 관계를 설정하는 능력이 있어.

강점
-자동차에 관심이 많고 각각의 공통점과 차이점을 잘 알고 있다.
-옷이나 가방을 보면 어떤 브랜드인지 바로 알아맞힐 수 있다.
-동물이나 식물에 관하여 많은 정보를 알고 있다.
-동물이나 식물을 좋아하고 잘 돌본다.
-나는 현재 동식물과 관련된 활동(정보 수집, 취미 활동)을 하고 있다.
-동식물이나 특정 사물이 갖는 특징을 분석하는 것을 좋아한다.
-환경 문제를 해결할 수 있는 방법을 많이 알고 있다.

추천 직업
•곤충학자 •환경미화원 •생물학자 •수의사 •꽃집 경영 •조류학자
•동물학자 •어류학자 •과학(생물) 교사 •식물학자 •등산가 •환경운동
가 •동물 사육사 •공원 관리자 •한의사 •천문학자 •기상학자 •고고
학자 •농장 운영자 •원예가 •생명공학자 •약초 연구가 •요리 평론가

롤모델 스토리
『다윈 진화론으로 생명의 신비를 밝히다』캐슬린 크럴, 초록개구리, 2015 ★★

『곤충들의 아버지 파브르 : 세상을 뒤바꾼 왕따』^{김득천 글·정태엽 그림, 아테나, 2010} ★★

『석주명 : 열정의 나비박사』^{이병철, 작은씨앗, 2010} ★★

『캡틴 쿠스토 : 생명의 바다를 기록한 최초의 해저 탐험가』^{제니퍼 번, 문학동네어린이, 2010} ★★

『제인 구달 : 침팬지와 함께한 50년』^{제인 구달, 궁리출판, 2014} ★★

『레이첼 카슨 : 환경운동의 역사이자 현재』^{윌리엄 사우더, 에코리브르, 2014} ★★★

인물로 보는 다중지능

다중지능	인물
음악 지능	루트비히 판 베토벤(작곡가, 연주가), 백남준(설치 미술가, 비디오 아티스트), 비틀즈(록밴드), 빌리 홀리데이(재즈 가수), 아스토르 피아졸라(작곡가, 반도네온 연주가), 황병기(가야금 연주가, 작곡가)
신체·운동 지능	강수진(발레리나), 강윤선(미용사), 김연아(피겨 스케이팅 선수), 박지성(축구 선수), 어니스트 섀클턴(탐험가), 오드리 헵번(영화배우, 유니세프 대사), 와리스 디리(모델, 인권운동가), 이택금(스튜어디스), 정샘물(메이크업 아티스트), 최진순(네일 아티스트), 팝핀현준(안무가, 공연예술가)
논리·수학 지능	고산(3D프린터 및 창업기관 대표), 마르쿠스 페르손(게임 개발자), 마리 퀴리(물리학자, 화학자), 마크 저커버그(프로그래머, 페이스북 창업자), 손정의(CEO, 소프트뱅크 창업자), 스티브 잡스(CEO, 애플 창업자), 알버트 아인슈타인(물리학자), 윤생진(회사원, 기업 고위 임원), 이국종(외과의사), 이상묵(해양학자, 교수), 조장희(뇌과학자), 채연석(로켓 개발자), 표창원(범죄심리학자, 프로파일러)
공간 지능	가브리엘 샤넬(패션 디자이너), 권기옥(비행사), 김태호(예능 PD, 방송 연출가), 미야자키 하야오(애니메이터), 빈센트 반 고흐(미술가, 화가), 안토니 가우디(건축가), 조선희(사진 작가), 찰리 채플린(영화감독, 희극 배우)

언어 지능	데이비드 오길비(광고기획자, 카피라이터), 박맹호(출판 기획자), 세종대왕(조선 시대 임금, 언어학 연구원), 손석희(언론인, 뉴스 앵커), 오리아나 팔라치(방송 기자, 종군 기자), 오프라 윈프리(토크쇼 진행자), 유재석(코미디언, MC), 장유정(극작가, 뮤지컬 연출가), 조앤 롤링(소설가, 아동문학 작가), 최정화(통역가, 국제회의 통역사), 한승헌(변호사)
인간 친화 지능	김구(독립운동가, 임시정부 주석), 넬슨 만델라(남아공 대통령), 마틴 루서 킹(인권 운동가, 목사), 무함마드 유누스(경제학자, 그라민은행 설립자), 반기문(외교관, UN 사무총장), 버락 오바마(미국 대통령, 정치인), 서경덕(한국 홍보 전문가), 유일한(CEO, 유한양행 설립자), 이순신(조선 시대 장군), 이종욱(보건의료 관련인, WHO 사무총장), 전태일(노동운동가, 봉제사), 플로렌스 나이팅게일(간호사), 한비야(국제구호 전문가)
자기 성찰 지능	김해영(국제사회 복지사), 마거릿 미드(인류학자), 마더 테레사(수녀), 마리아 몬테소리(교육가), 마하트마 간디(인도 독립운동가), 빅터 프랭클(심리학자), 손보기(고고학자, 역사학자), 아웅 산 수지(미얀마 정치인), 장기려(의사), 헬렌 켈러(작가, 사회운동가)
자연 친화 지능	김순권(농학자, 육종학자), 김영모(제과제빵사), 레이첼 카슨(해양생물학자, 과학 서적 작가), 아니타 로딕(바디샵 창업자), 왕가리 마타이(환경운동가), 제이미 올리버(요리사), 제인 구달(동물학자), 타샤 튜더(일러스트레이터)

한번 해 볼까?

나의 강점 지능	나의 강점 지능과 관련 있는 직업	롤모델 관련 도서	롤모델에게 배울 점

◎ 롤모델 스토리 읽고 인터뷰하기

도서명	『탐스 스토리』 블레이크 마이코스키, 세종서적, 2012		읽은 날	2016년 2월 8일
롤모델 인터뷰				
이름	블레이크 마이코스키			
직업	TOMS 창업 CEO			
핵심 사업 (하는 일)	아이들에게 신발을 주는 것			
좋아하는 명언	너 스스로 세상이 원하는 변화가 되어라 – 간디			
학업 과정	–제임스마틴 고등학교 –서던메소디스트 대학교(철학, 비즈니스 전공)			
어려움	–자본금이 없었다. –주변의 부정적 시선 –신발 분야에 대해 전혀 아는 것이 없음			

성공 과정	−세탁물 배달 사업 −리얼리티 프로그램 방송사업 −온라인 운전 교습 사업 −기부와 사업을 접목한 탐스 설립
성공 이유	−영리목적의 사업(신발 사업)+사회적 소명(기부) −새로은 사업 모델 창조
롤모델이 주는 지침	−당신만의 이야기를 찾아라. −두려움을 직면하라. −돈이 없을지라도 수완을 발휘하라. −매사를 단순하게 하라. −신뢰를 쌓아라. −기부는 좋은 사업이다.

도서명		읽은 날	
롤모델 인터뷰			
이름			
직업			
핵심 사업 (하는 일)			
좋아하는 명언			
학업 과정			
어려움			
성공 과정			
성공 이유			
롤모델이 주는 지침			

어떤 성격일까?

너는 어떤 성격인지 알고 있니? 자신의 성격을 충분히 이해하고 있는 것은 진로 결정에서 아주 중요해. 자신의 성격과 일의 성격이 맞을 때 행복감을 훨씬 더 크게 느끼고 살 수 있거든. 만약에 소심하고 내성적인 성격인데 먹고 살기 위해서 영업이나 판매 일을 해야 한다고 생각해 봐. 자신의 성격과 사람들을 많이 상대하고 활달하게 대해야 하는 일이 성격에 맞지 않지? 반대로 항상 여러 사람과 어울리면서 대화하기 좋아하는 성격인데 혼자 가만히 연구만 해야 한다면 또 어떨까? 아마 하루 종일 말하고 싶어서 너무 답답하겠지?

그런데 연구하는 직업이라고 해서 혼자서만 연구하지 않는 경우도 많아. 팀이 함께 프로젝트를 수행하는 일도 많지. 그래서 내가 가지고 있는 약한 성격도 가끔은 끌어올려야 할 때도 많아. 그러니 이 파트에서는 강점을 키우는 독서와 약점을 극복하기 위한 독서도 함께 제시하고 있어. 모든 성격을 다 가질 순 없지만 자신이 하고 싶은 일에 어떤 성격이 필요한지 생각해 보고 자신의 성격을 조금은 맞추려고 노력하는 게 필요하겠지?

사람은 복잡하고도 다양한 면을 가지고 있는 존재야. 우리 안에는 모두 여러 가지 모습이 같이 있으니까 검사 결과는 참고만 해야 하는 거야. 다양한 성격, 흥미, 적성 검사들이 있지만 그 결과를 맹신하면 안 돼. 꼭 특정한 유형에 얽매이지도 말아야 해.

사람들은 대부분 몇 가지 유형을 같이 가지고 있으니 해당 유형을 폭넓게 살피고 참고해 봐.

나는 어떤 성격일까?

※해당 항목에 모두 ∨ 체크한다.

성격	유형
__ 몇 번이고 생각하고 검토한다. __ 여러 번 생각한 끝에 결정을 내린다. __ 어떤 일이든 따지려 든다. __ 일단 결정하면 행동으로 옮긴다.	1
__ 조심성이 많다. __ 앞서 나가기를 꺼린다. __ 부끄러움을 잘 탄다. __ 나의 생활에 대하여 자주 반성을 한다.	2
__ 감정의 변화가 별로 없다. __ 끈기가 있다. __ 동정심이 별로 일어나지 않는다. __ 침착하고 냉정한 편이다.	3

__ 끈기가 없다. __ 솔직하고 직선적이다. __ 쉽게 당황한다. __ 잘 긴장하고 침착하지 못하다.	4
__ 부모나 선생님의 말씀을 잘 듣는다. __ 예의가 바른 편이다. __ 지시하는 것보다 명령에 따르는 것이 편하다. __ 규칙을 잘 지킨다.	5
__ 나의 주장대로 행동한다. __ 지시나 충고를 받는 것이 싫다. __ 급진적인 변화를 좋아한다. __ 규칙은 반드시 지킬 필요가 없다.	6
__ 혼자서 일하기를 좋아한다. __ 어려운 일하기를 좋아한다. __ 배짱이 있는 편이다. __ 한 번 시작한 일은 마무리를 꼭 한다.	7
__ 감정이 예민하고 조그만 일에도 감정의 변화기 심하다. __ 상상력이 풍부하다. __ 다른 사람의 의견을 존중한다. __ 부드럽고 세심하다.	8
__ 쾌활하고 대화하기를 좋아한다. __ 다정다감한 편이다. __ 혼자 있는 것을 싫어한다. __ 변화를 좋아한다.	9
__ 생각보다 행동이 앞선다. __ 침착하지 못하다. __ 한자리에 가만히 있지 못하는 편이다. __ 기분대로 행동하는 편이다.	10
__ 혼자 있는 것에 익숙하다. __ 낙엽을 사랑한다. __ 달을 보고는 감상에 잠긴다. __ 낭만적이다.	11

__ 나는 별 근심 걱정이 없다. __ 나는 나의 환경에 아주 만족한다. __ 나쁜 일을 오래 생각하지 않는다. __ 나는 미래에 대해 별 염려를 하지 않는다.	12
__ 새로운 변화를 싫어한다. __ 조용한 분위기를 좋아한다. __ 도전적인 직업보다는 안정된 직업이 좋다. __ 친구를 잘 바꾸지 않는다.	13
__ 남의 명령을 듣기 싫어한다. __ 모든 일에 앞장서는 편이다. __ 다른 사람이 하는 일을 보면 답답하다. __ 남을 지배하는 사람이 되고 싶다.	14
__ 규칙적인 것이 싫다. __ 매사에 감동을 자주 받는다. __ 새로운 물건과 일에 대한 생각을 자주 한다. __ 창조적인 일을 하고 싶다.	15

-체크 표시가 가장 많은 유형 순서

1. _____

2. _____

3. _____

4. _____

5. _____

성격 유형별
강점 강화 & 약점 극복 도서

유형 1. 사고형

대체로 이론적이고 사물에 대한 깊은 사색과 논리적인 두뇌로 문제를 신중히 처리하며 반성을 잘하고 책임감이 강한 성격이야.

적합한 직업 분야

•물리학자 •인류학자 •화학자 •수학자 •생물학자 •연구소 연구원 등 깊이 생각하여 창조하는 직업

강점 강화 도서

『유엔미래보고서 2050』박영숙, 제롬 글렌, 교보문고, 2016 ★★

『누구를 구할 것인가?』 ^{토머스 캐스카트, 문학동네, 2014 ★★}

『이것이 빅데이터 기업이다 : 현실화되고 있는 미래 기업들』

함유근, 삼성경제연구소, 2015 ★★★

약점 극복 도서

『꿈꾸는 다락방』 ^{이지성, 국일미디어, 2007 ★★}

『누가 더 끝까지 해내는가』 ^{세라 루이스, 웅진지식하우스, 2015 ★★★}

『지금의 조건에서 시작하는 힘』 ^{스티븐 기즈, 북하우스, 2015 ★★★}

『춤추는 고래의 실천』 ^{켄 블랜차드, 청림출판, 2009 ★★★}

유형 2. 내성형

앞에 나서기를 수줍어하고 표현에 소극적이야. 안으로 생각을 축적하며, 혼자서 행동하기를 좋아해.

적합한 직업 분야

• 디자이너 • 헤어 디자이너 • 운전기사 • 사진작가 • 전문 엔지니어 • 자영업 등 조용히 자신의 생활을 영위할 수 있는 직업

강점 강화 도서

『사람은 무엇으로 사는가』 ^{레프 니콜라예비치 톨스토이, 창비, 2015 ★★}

『하버드의 생각수업』 ^{후쿠하라 마사히로, 엔트리, 2014 ★★★}

『생각의 탄생』 로버트 루트번스타인 외, 에코의서재, 2007 ★★★★

약점 극복 도서

『자존감의 여섯 기둥 : 어떻게 나를 사랑할 것인가』 너새니얼 브랜든, 교양인, 2015 ★★

『인생부자들 : 나답게, 폼 나게 살아온 열 두 조르바를 만나다』 조우석, 중앙m&b, 2014 ★★★

『행복한 이기주의자』 웨인 다이어, 21세기북스, 2013 ★★★

『미움 받을 용기』 고가 후미타케 · 기시미 이치로, 인플루엔셜, 2014 ★★★

『설득의 심리학 사람의 마음을 사로잡는 6가지 불변의 원칙』 로버트 치알디니, 21세기북스, 2013 ★★★

유형 3. 냉담형

감정 표현이 별로 없고, 조용하고 이성적이고 냉철해. 의지력도 강한 편이야. 사람들과 거리를 두는 경향이 있어 차갑다는 오해를 받을 수 있어.

적합한 직업 분야

• 변호사 • 판사 • 경찰관 • 요리사 • 각종 검사원 • 컴퓨터 관련 직종

강점 강화 도서

『일론머스크, 미래의 설계자』 애슐리 반스, 김영사, 2015 ★★★

『당신은 사업가입니까』 캐럴 로스, 알에이치코리아, 2014 ★★★★

『MIT 스타트업 바이블 : 세계 최초로 공개되는 24단계 MIT 창업 프로그램』 빌 올렛, 비즈니스북스, 2015 ★★★★

『정의란 무엇인가』 마이클 샌델, 와이즈베리, 2014 ★★★★

약점 극복 도서 : 감정을 읽자!

『천 개의 공감』 김형경, 사람풍경, 2012 ★★

『번쩍하는 황홀한 순간』 성석제, 문학동네, 2003 ★★

『강신주의 감정수업』 강신주, 민음사, 2013 ★★★

『그 여름의 끝』 로이스 로리, 보물창고, 2007 ★★★

『바른 마음 : 나의 옳음과 그들의 옳음은 왜 다른가』 조너선 하이트, 웅진지식하우스, 2014 ★★★★

유형 4. 흥분형

열정적이고 말이 많은 편이고 사교적이야. 감정 노출을 많이 하는 기분파에 속하는 사람이야.

적합한 직업 분야

• 응원단장 • 치어리더 • 스포츠맨 • 세일즈맨 등 사람들과 많이 접하는 직업

강점 강화 도서

『열정에 기름붓기』 이재선 외, 천년의상상, 2015 ★

『나는 내일을 기다리지 않는다』 강수진, 인플루엔셜, 2013 ★★

『가슴 뛰는 삶의 이력서로 다시 써라 : 인생의 롤모델을 찾아 떠난 인터뷰 세계여행』 요안나 슈테판스카 · 볼프강 하펜마이어 공저, 바다출판사, 2009 ★★

약점 극복 도서

『감정 연습 : 감정을 이용해 원하는 삶으로 옮겨가는 22가지 방법』 에스더 힉스, 나비랑북스, 2015 ★★

『당신이 화내는 진짜 이유 : 우리 내면의 감정을 지혜롭게 활용하는 법』 EBS 당신이 화내는 진짜 이유 제작팀, 토네이도, 2015 ★★★

『똑똑한 사람들의 멍청한 선택』 리처드 탈러, 리더스북, 2016 ★★★

◎ 『열정에 기름붓기』 이재선 외, 천년의상상, 2015 를 읽고 – 고1 박채린

읽은 책 중에 최고다! 왜냐고? 글씨가 정말 적은 책이다.

하지만 정말 중요한 메시지를 담고 있고 멋진 사진들이 함께 들어 있다. 진정한 말의 힘을 알게 된 책이라고 할까? 긴 이야기에 담긴 메시지보다 때로는 짧은 한마디의 힘이 더 크기도 하다.

책에서 소개한 모소대나무는 4년 동안 위로 성장하는 대신 땅속으로 뿌리를 내린다. 꼭 우리 같다. 중고등학교, 땅속 같은 답답한 시간을 6년을 보내고 나면 우리는 대학교, 세상으로 나간다. 대나무처럼 열심히 뿌리 내리는 일 – 바로 내 앞에 주어진 공부를 최선을 다해 열심히 해야겠다는 결심을 하게 한 책이다.

늘 열심히 한다고 생각했지만 성적이 오르지 않는 나 자신에게 실망한 적도 많고 나의 한계라는 핑계로 더 할 수 있는 공부를 하지 않았는지도 모른다는 생각이 들었다.

어릴 때 묶인 말뚝에서 벗어나지 못하고 스스로의 한계를 규정 지어버린 코끼리를 빗댄 '코끼리 말뚝 이론'을 읽으면서 나를 묶은 사슬은 없었는지도 생각했다.

"세상은 우리에게 꿈을 가지라고 말한다. 하지만 꿈을 말하면 현실을 보라고 한다. 이 시대의 청춘들은 제멋대로 꿈을 설계하고, 꾸는 것조차 의식을 강요당한다. 청춘이 말하는 진짜 청춘의 열정을 담고 싶었다. 꿈을 크게 가져라. 깨져도 그 조각이 크다."

저자가 한 이 말은 출력해서 내 방문에 붙여 두었다.

이 책은 20장 남짓의 페이스북 메시지를 책으로 엮었다고 한다. 페이스북 17만 회원을 가진 인기 페이지를 책으로 만들었다. '사진 한 장과 문장 한 줄'로 강렬한 메시지를 전달해 준다.

-벽에 붙여 둘 책 속 문장

약점은 존재의 치부가 아니라 존재의 어엿한 일부다. 빨강머리 앤의 머리카락이 탐스러운 금발이었다면, 빈센트 반 고흐가 억만장자였다면, 악성 베토벤의 귀가 남들보다 훨씬 잘 들렸다면, 우리는 그들을 이만큼 애틋하게 사랑할 수 있었을까. 이렇듯 우리가 타인에게 매혹되는 이유는 그의 탁월함 때문이 아니다. 영원히 채울 수 없는 결핍에도 불구하고 그 결핍을 온몸으로 끌어안는 사람들이야말로 가장 매력적인 사람들이다.(92쪽에서)

미셸 푸코(Michel Foucault)는 '자율은 강요된 타율'이라 했다. 이미 '만들어진 것'을 보면서 자란 우리는 이런 것을 본디 욕망했던 것이라 착각한다. 좋은 집을 갖고 싶어 하고, 좋은 배우자를 만나고 싶어 한다지만, 이것은 어쩌면 사회가 정해 준 틀에 불과하지 않을까. 우리가 정말 원했던 것인가? 이럴 때 주체는 바로 우리 자신이 되어야 한다. 그래서 필요한 것이 '자기의 테크놀로지'다.(160쪽에서)

열정만으로는 안 된다! (…) 저항이 없는 열정으로는 기껏해야 권력자들의 신선한 먹이나 될 뿐이다. 물론 냉소적으로 말라비틀어지는 것보다야 열정적으로 불타는 편이 나을지 모르겠다. 그리고 어떤 때는 자신조차 땔감으로 써야 할 때가 분명히 있다. 하지만 우리는 물어야 한다. 내가 무엇을 위한 땔감인지 말이다.(228쪽에서)

나무의 가장 부드러운 속살들이 곰팡이와 벌레들에게 가장 먼저 포식 당한다. 단단하고, 질기고, 비뚤어진 것만이 오래 남는다. 인생의 마디와 옹이는 장애가 아니다. 그것들은 우리를 끝내 지탱해 주는 힘이다. 우리는 나이를 먹어 늙는 것이 아니라 꿈을 포기하는 순간부터 늙기 시작한다. 꿈을 가진 사람은 늙지 않는다. 꿈이란 열정의 근거, 미래에 대한 의지, 희망의 원동력이다.

유형 5. 순종형

복종하기를 좋아하고 누구에게나 고분고분한 사람이야. 얌전하고 차분하여 어디에서나 잘 어울리지. 주어진 일에 책임감이 강하고 자신의 일에 자부심이 강해.

적합한 직업 분야

• 사원 • 공무원 • 경호원 • 군인 등 조직 속에서 주어진 일에 열심히 할 수 있는 직업

강점 강화 도서

『하루 15분 정리의 힘』 윤선현, 위즈덤하우스, 2012 ★

『선비답게 산다는 것』 안대회, 푸른역사, 2007 ★★★

『청소년을 위한 논어』 양성준, 두리미디어, 2014 ★★★

약점 극복 도서 : 보수적인 사고를 극복하자!

『청소년 철학창고 – 장자』 장자, 풀빛, 2005 ★★

『에디톨로지』 김정운, 21세기북스, 2014 ★★★

『그리스인 조르바』 니코스 카잔스키, 느낌이있는책, 2013 ★★★

유형 6. 독립형

의지가 강하여 남의 간섭을 싫어해. 신념이나 행동이 뚜렷해서 매사를 독립적으로 판단하고 자기 주장대로 하기를 원해.

적합한 직업 분야

- 사업가 • 기자 • 편집인 • 낙농가 • 원예가 • 농장 경영 • 의사 • 약사
- 한의사 • 프리랜서

강점 강화 도서

『자뻑은 나의 힘』 이외수, 해냄출판사, 2015 ★★

『노는 만큼 성공한다』 김정운, 21세기북스, 2011 ★★★

『독립연습』 황상민, 생각연구소, 2012 ★★★

약점 극복 도서

『미러링 스피치 : 마음을 훔치는 완벽한 대화법』 이재호, 미다스북스, 2015 ★★★

『세계를 움직이는 리더는 어떻게 공감을 얻는가 : 세계 0.1% 리더들이 배우는 백만 불짜리 소통』 빌 맥고완, 비즈니스북스, 2014 ★★★

유형 7. 인내형

끈기가 있고 인내심이 강해서 하고자 하는 일에 도중하차가 없어. 고통을 참고 강행하는 성향이 있어.

적합한 직업 분야

• 등산가 • 탐험가 • 항해사 • 선장 • 기관사 • 승무원 • 컴퓨터 프로그래머 • 예술 창작업 등 일단 마음먹은 일이라면 인내를 통해서 성취할 수 있는 직업

강점 강화 도서

『대한민국 트레킹 바이블』 진우석 · 이상은, 중앙북스, 2014 ★★

『빼빼가족, 버스 몰고 세계여행』 빼빼 가족, 북로그컴퍼니, 2015 ★★

『라면왕 이철호 이야기』 이철호, 지니넷, 2014 ★★

『스페이스 크로니클』 닐 디그래스 타이슨, 부키, 2016 ★★★★

약점 극복 도서

『리스타트』 이수진, 클라우드나인, 2015 ★★

『노는 만큼 성공한다』 김정운, 21세기북스, 2011 ★★★

『내 인생 후회되는 한 가지』 김정운 외, 위즈덤경향, 2012 ★★★

『포기하는 용기』 이승욱, 쌤앤파커스, 2013 ★★★

유형 8. 민감형

감정이 예민해서 작은 일에도 희비의 쌍곡선이 뚜렷해. 직감력이 강해서 이성보다 감정에 치우치기 쉬운 성격이야.

적합한 직업 분야

• 형사 • 탤런트 • 예술가 • 교사 • 연극인 • 상담원과 같이 감정에 민감한 직업

강점 강화 도서

『멈추면 비로소 보이는 것들』 혜민스님, 쌤앤파커스, 2012 ★★

『타인보다 더 민감한 사람』 일레인 N. 아론, 웅진지식하우스, 2011 ★★★

『모모』 미하엘 엔데, 비룡소, 1999 ★★★

『시인을 찾아서』 신경림, 우리교육, 2013 ★★★

약점 극복 도서

『행복한 이기주의자』 웨인 다이어, 21세기북스, 2013 ★★★

『미움 받을 용기』 고가 후미타케 · 기시미 이치로, 인플루엔셜, 2014 ★★★

『감정 터치』 선안남, 신원문화사, 2012 ★★★

유형 9. 사교형

 매사에 적극적이며 능란한 사교술로 여기저기를 누비며 다니지. 활발하고 화술이 뛰어나고 환경에 순응이 빠른 성향이야.

적합한 직업 분야

 • 외교관 • 사업가 • 임상 심리학자 • 교육자 • 사회사업가 • 목사 • 상담가와 같이 친근하게 사람을 접할 수 있는 직업

강점 강화 도서

『말공부』 조윤제, 흐름출판, 2014 ★★

『어떻게 말할 것인가 : 세상을 바꾸는 18분의 기적 TED』 카민 갤로, 알에이치코리아, 2014★★★

『원하는 것이 있다면 감정을 흔들어라』 다니엘 샤피로 · 로저 피셔, 한국경제신문사, 2013 ★★★★

『무엇이 CEO를 만드는가 : 사람을 얻고 조직을 살리는 CEO 감정코칭』 서우경, 김영사, 2015 ★★★★

약점 극복 도서

『언니의 독설』 김미경, 21세기북스, 2012 ★★

『치유의 독서』 박민근, 와이즈베리, 2016 ★★★

『인비저블』 데이비드 즈와이그, 민음인, 2015 ★★★

『지적 대화를 위한 넓고 얕은 지식』 채사장, 한빛비즈, 2014 ★★★★

◎ 『말공부』 조윤제, 흐름출판, 2014 를 읽고 - 중3 송무근

이 책은 『논어』, 『맹자』, 『장자』, 『사기』, 『십팔사략』, 『전국책』, 『설원』, 『세설선어』, 『명심보감』 등 어른들이 권하는 다양한 인문학 책 내용을 차용해 와서 에피소드 형식으로 소개하고 그 내용에 대한 작가의 생각을 덧붙인 내용이다. 어려울 것 같은 인문학 고전의 내용을 재미있게 풀어쓰고 이해하기 쉽게 설명되어 있어서 무척 잘 읽히는 책이다.

-먼저 행동으로 보여라!

증자의 아내가 시장에 갈 때 아들이 따라오면서 울자 달래며 말했다.

"집으로 돌아가면 시장에서 돌아올 때 돼지를 잡아 주마."

아들은 신이 나서 집으로 돌아갔고, 아내는 시장을 잘 보고 집으로 돌아왔다. 그러자 증자가 돼지를 잡으려 했고, 아내가 말리면서 말했다.

"아이를 달래려고 장난으로 한 말인데 돼지를 잡다니요?"

증자가 대답했다.

"아이는 장난으로 말할 상대가 아니요, 아이는 아는 것이 없기 때문에 부모가 하라는 대로 배우고 가르침을 받는데, 지금 아이를 속이면 아이에게 거짓말을 가르치는 것과 다름이 없소, 어미가 자식을 속이면 아이는 어미를 믿지 않게 되므로 올바른 가르침이 아니오" 『한비자』

이 부분을 읽으면서 나는 웃음이 먼저 났다. 친구들과 이야기해 보면 부모님의 거짓말이나 빈말에 속은 일이 없는 경우가 거의 없을 정도로 요즘의 어른들은 공수표

를 많이 날린다.

　하지만 우리 부모님은 그러지 않으신다. 나를 어리다고 무시하거나 존중하지 않은 경우가 거의 없다. 언제나 한번 한 약속이나 말은 꼭 지키려고 노력하신다. 만약 지킬 수 없는 상황이 되면 꼭 그 이유와 대안을 제시하려고 노력하신다.

　곤란하거나 문제가 생기면 가족이 함께 고민하고 이야기를 나누고 결론을 찾는 시간을 가진다.

　그래서인지 나도 친구들과의 약속을 중요하게 생각하고 시간 약속 또한 반드시 지키기 위해 노력한다. 그런데 친구들은 그렇지 않은 경우가 많다. 이 책을 읽어 보니 공감이 간다. 책은 그냥 읽고 마는 게 아니라 그 뒤에 책에서 배운 내용을 실천으로 옮기는 게 더 중요하다는 생각이 든다.

　이 책은 다양한 사례를 소개하면서 여러 가지 우리의 삶의 상황에서 어떻게 처신하고 말해야 하는지를 잘 설명해 준다. 약속, 예의, 존중, 자기개발까지 자신을 발전시키고 더 나은 어른으로 살아가기 위한 준비를 할 수 있는 데 무척 도움이 되는 책이라는 생각이 든다.

유형 10. 행동형

말보다 행동이 앞서며 현실적 감각이 강하고 앞에 나서기를 좋아해. 매우 정열적으로 일하는 유형이야.

적합한 직업 분야

• 비행사 • 정리 수납 전문가 • 주방 관리 전문가 • 정원 관리 전문가 • 기계체조 • 사회 사업가 • 농부 • 낙농가 • 세일즈맨 • 체육 관련직 • 현장 감독 등의 직업

강점 강화 도서

『상상력에 엔진을 달아라』 임헌우, 나남, 2007 ★★

『크리에이티브 블록 CREATIVE BLOCK : 당신의 창의력에 불을 붙여 주는 500개의 아이디어』 루 해리, 토트, 2013 ★★

『아이디어 퍼주는 스푼 시즌 2 : 아이디어 큐레이터가 엄선한 비즈니스에 영감을 주는 제품 이야기』 조현경, 어바웃어북, 2013 ★★

『상상, 현실이 되다 : 미래는 예측하는 것이 아니라, 상상하는 것이다』 유영민·차원용, 프롬북스, 2014 ★★★

약점 극복 도서

『인문학습관』 윤소정, 다산초당, 2015 ★★

『세상의 모든 지식』 김흥식, 서해문집, 2015 ★★★

『내 안에서 나를 만드는 것들』 러셀 로버츠, 세계사, 2015 ★★★

유형 11. 고독형

말없이 혼자 있기를 좋아하며 매사에 조심스러워 하는 유형으로 조용한 곳을 찾아 자기도취에 빠지기 쉬운 성격이야.

적합한 직업 분야

• 작가 • 소설가 • 시인 • 화가 • 개인 사업가 • 공무원 등의 직업

강점 강화 도서

『진리의 말씀』 법정, 이레, 2009 ★★★

『탈무드』 마빈 토케이어, 뷰파인더, 2015 ★★★

『두 글자의 철학』 김용석, 푸른숲, 2005 ★★★

『통찰력을 길러주는 인문학 공부법』 안상헌, 북포스, 2012 ★★★★

『미래학자의 통찰법 : 보이지 않는 미래를 꿰뚫어보는 생각의 기술』 최윤식, 김영사, 2014 ★★★★

약점 극복 도서

『인생부자들 : 나답게, 폼 나게 살아온 열 두 조르바를 만나다』 조우석, 중앙M&B, 2014 ★★

『손잡지 않고 살아남은 생명은 없다』 최재천, 샘터, 2014 ★★★

『자존감의 여섯 기둥 : 어떻게 나를 사랑할 것인가』 너새니얼 브랜든, 교양인, 2015 ★★★

『적을 만들지 않는 대화법』 샘 혼, 갈매나무, 2015 ★★★

유형 12. 낙천형

덜렁거리며 신경이 둔하고 서글서글한 낙천가 유형이야. 매사를 좋은 쪽으로만 생각하여 별로 걱정이 없어.

적합한 직업 분야

• 농부 • 농장 경영인 • 세일즈맨 • 서비스업 • 자영업 등의 직업

강점 강화 도서

『스티브를 버리세요』 임현우, 나남, 2014 ★★

『적당히 벌고 잘 살기』 김진선, 슬로비, 2015 ★★★

『인간의 품격』 데이비드 브룩스, 부키, 2015 ★★★

약점 극복 도서

『시간 흡혈귀를 퇴치하는 유쾌한 방법』 댄 케네디, 랜덤하우스코리아, 2005 ★★

『현실을 직시하면 할 일이 보인다 : 근거 없는 낙관에서 벗어나 문제를 바로
보는 용기』 밥 나이트 · 밥 해멀, 알키, 2013 ★★★

『바빌론 부자들의 돈 버는 지혜』 조지 S. 클래이슨, 국일미디어, 2011 ★★★

『리추얼』 메이슨 커리, 책읽는수요일, 2014 ★★★

◎『스티브를 버리세요』임현우, 나남, 2014를 읽고 - 중3 김민재

마음이 뜨끈뜨끈해지고 친구들에게 자꾸 권하고 싶은 책이다. 용돈을 털어서 몇 권을 절친에게 선물했다. 친구들도 모두 좋아했다. 장황하게 긴 글로 우리를 설득하는 책이 결코 아니다.

정신없이 공부에 모든 것을 쏟아부어야 하는 지금의 우리에게 어쩌면 상관없을 수 있는 천천히 가는 인생에 대한 이야기라는 생각이 들기도 했다. 하지만 읽어 나가면서 결국 지금 이렇게 노력하는 과정이 행복으로 가는 과정이어야 한다는 믿음이 생겼다.

책의 75~80쪽에는 SNS와 인터넷에 매달리는 우리의 모습에 대한 이야기가 나온다. 결국 빈집에 혼자 있는 시간이 많은 아이들에게 폰이나 인터넷 말고 시간을 보낼 일이 있기는 할까? 그 기계들이 부모와 가족과 친구가 해 줘야 할 역할을 대신하고 있는 것은 아닐지 모르겠다. 그래서 테마도 '외롭고 따분함에 대처하는 우리들의 자세'이다.

우리가 할 수 있는 노력과 방법이 쓰여져 있다

인상 깊은 부분은 '스펙 쌓지 마세요'이다. 요즘은 중학생도 특목고나 자사고에 진학하려면 자기소개서나 소논문을 먼저 써 봐야 익숙해진다고 한다.

내가 회사의 입장이라 하더라도 공부만 열심히 해서 스펙이 빵빵한 사람과 상황에 따라 알아서 잘 대처하는 유연한 인재 중 어떤 사람을 찾을까? 자기소개서에 자신의 전문성이나 관심 분야에 대해 잘 어필하는 것도 좋지만 온갖 스펙을 위해 이것저것 해 놓은 게 있는 경우라면 오히려 불리할 수도 있다고 생각한다.

이 책에는 버려야 할 이 시대 사람들의 편견과 모순 담겨 있고, 이제 그것들을 하

나씩 버려 나갈 생각이다. 세상의 일반적인 편견에 물들지 않고 살아가려고 노력할 것이다.

한 번 읽고 덮어 두거나 다른 사람에게 주어 버리는 책이 아니고 두고두고 수시로 꺼내 야금야금 읽으면서 그렇게 행복한 어른으로 자라고 싶다.

부모님께도 권해 드려서 함께 행복한 삶의 길을 가고 싶어지는 책이라고 하겠다.

"누가 미친 거요? 장차 이룩할 수 있는 세상을 상상하는 내가 미친 거요? 아니면 세상을 있는 그대로만 보는 사람이 미친 거요?"(202쪽에서)

유형 13. 안정형

신중하고 침착하여 감정을 잘 나타내지 않아. 어디서나 뿌리를 내린 듯한 믿음직한 모습을을 가지고 있어.

적합한 직업 분야

• 은행원 • 회사원 • 공무원 • 아나운서 • 간호사 • 통계학자 • 회계사 등 큰 변화가 없는 직업

강점 강화 도서

『과학 콘서트』 정재승, 어크로스, 2011 ★★★

『습관의 힘』 찰스 두히그, 갤리온, 2012 ★★★

『생각의 오류』 토머스 키다, 열음사, 2007 ★★★★

약점 극복 도서

『나는 아주 작은 것부터 시작했다』 닉 소프, 어언무미, 2015 ★★

『미래의 역습, 낯선 세상이 온다』 매튜 버로스, 비즈니스북스, 2015 ★★★

『2030 대담한 도전』 최윤식, 지식노마드, 2016 ★★★

유형 14. 지배형

　남으로부터 지시 받기를 싫어하고 유아독존적으로 관장하기를 좋아해. 남을 이끌고 지배적이며 언어적 기술도 탁월한 유형이야.

적합한 직업 분야

• 정치인 • 군인 • 연예인 • 사업가

강점 강화 도서

『세계를 움직이는 리더는 어떻게 공감을 얻는가』 ^{빌 맥고완 비즈니스북스, 2014} ★★★★

『리더는 마지막에 먹는다 : 숫자가 아닌 사람을 귀중히 여기는 리더의 힘』
사이먼 사이넥, 36.5, 2014 ★★★★

약점 극복 도서

『도덕경에 물어봐, 짜증 날 땐 어떡해? : '조화와 순리를 가르치는 책, 도덕경'』 김하늬, 학고재, 2014 ★

『친구가 되어 주실래요? : 이태석 신부의 아프리카 이야기』 ^{이태석, 생활성서사, 2013}
★★

『존경받는 사람의 7가지 DNA』 ^{강문호, 쿰란출판사, 2011} ★★★

유형 15. 예술형

낭만과 사색을 즐기고 홀로 명상하기를 좋아하고 감정이 풍부해.

적합한 직업 분야

• 시인 • 소설가 • 음악가 • 조각가 • 화가 • 극작가 • 연출가 • 성악가

강점 강화 도서

『뜻밖의 미술 : 미술관 밖으로 도망친 예술을 만나다』 제니 무사 스프링, 아트북스, 2015
★★

『미술, 세상을 바꾸다 : 세상을 움직이는 미술의 힘』 이태호, 미술문화, 2015 ★★★

『문화를 짓다 : 젊은 예술가들의 행복한 공간 만들기 프로젝트』 한국공예 · 디자인

문화진흥원, 문학동네, 2015 ★★★

단점 극복 도서

『인생학교 일 : 일에서 충만함을 찾는 법』 로먼 크르즈나릭, 쌤앤파커스, 2013 ★★

『4개의 통장』 고경호, 다산북스, 2012 ★★

『청소년 부의 미래』 앨빈 토플러, 청림출판, 2007 ★★★

『부의 방정식』 정환용, 제우미디어, 2015 ★★★

원하는 직업( ) 에 필요한 성격	내 성격 유형	강화해야 할 강점	극복해야 할 단점
1. 2. 3. 4. 5.			
성격에 따른 독서 계획	1. 강점 강화 도서 : 2. 단점 극복 도서 :		
강점 강화 또는 단점 극복 독서 후 내 삶에 미친 영향			

무엇이 소중하니?
―소중한 가치관을 정립하는 독서

직업 선택의 기준 ― 가치관

가치관은 살아가면서 가지고 지키고자 애쓰는 삶의 중요한 기준을 말하는 거야. 직업을 선택할 때 가치관을 반드시 생각해야 해. 자신이 중요하게 생각하는 기준이 무엇인가에 따라 직업의 만족도가 달라지거든. 돈을 많이 벌고 싶은 것도 가치관이고, 시간적으로 여유롭게 살고 싶은 것도 가치관이야. 봉사하는 삶을 추구하는 사람도 성공하는 삶을 위해 노력하는 사람도 모두 자신이 추구하는 가치를 향해 노력하며 사는 거야. 그래서 어떤 가치관이 옳다 그르다 할 수는 없고 각자 다를 뿐이야. 그리고 한 가지만을 가지고 있는 경우보다 경제적 만족과 자유로운 삶 등 여러 가지 가치관을 함께 가지고 있는 경우가 많아.

그래서 우리는 자신을 잘 들여다보아야 해. 내가 어떤 가치관을 가지고 있는지 잘 생각해 보지 않으면 내 인생이 행복해지는 법을 찾지 못할 수도 있거든.

경제적인 충족이 중요한 사람이 돈을 적게 버는 일을 하면 어떨까? 자율성이 중요한 사람이 한 직장에서 자신의 의견대로 할 수 없고 주어진 역할만 해야 한다면 또 어떨까? 여유가 중요한 사람이 아침부터 밤까지 매일 야근하고 주말에도 일을 해야 한다면 아무리 돈을 많이 버는 일을 한다고 하더라도 삶이 만족스럽지 않을 거야. 그러니까 살면서 가치관의 종류에는 어떤 것이 있는지, 자신에게는 어떤 가치관이 소중한지 자신을 들여다보며 생각해 두어야 원하는 대로 자신의 삶을 더 행복하게 살 수 있어.

책에는 다양한 사람의 다양한 가치관이 실려 있어. 아직 많은 경험이 부족한 너에게 가치관을 찾으라고 하면 어려울지도 몰라. 내 인생에 정말 소중하게 지켜야 할 가치관을 찾기 위해 가치관의 관점에서 독서를 해 보자.

이야기로 보는 미래의 가치관

가족과 함께하는 삶

지우 아빠는 10살 딸과 이야기를 나눌 시간이 거의 없다. 아이가 아침에 눈을 뜨기 전에 출근을 위해 집을 나서야 한다. 업무와 회식 등으로 늘 늦어지는 귀가 시간엔 아이가 잠들어 있다. 어쩌다 아침 인사를 할 수 있는 날이면 아이의 단골 멘트는 "일찍 오세요."이다.

주말에도 바쁘다. 출근하는 날이 더 많다. 어쩌다 쉬는 날이면 피곤해서 만사가 귀찮다.

이번 주말엔 아이의 열 번째 생일을 맞아 주말 여행을 떠나기로 약속했다. 올해 초 새해 계획에 대해 이야기하면서 아이가 말한 소원을 꼭 들어줄 생각이었다. 아이는 기대가 크다. 그런데 주말 아침에 또 회사에서 호출이 왔다. 갑자기 숨이 막힌다.

원래 지우 아빠가 꿈꾸던 삶은 이런 게 아니었다. 가족과 함께하는 시간이 무엇보다 소중하다고 생각했었다. 여유로운 시간을 가지면서 인생을 자유롭게 살고 싶었다. 그런데 어느 순간부터 지우 아빠는 승진과 남들의 시선에 발목 잡혀 여러 사람의 눈치를 보면서 살고 있다.

일과 가정의 우선순위는?

강준 씨는 승진 심사를 앞두고 회사 중역회의에서 프로젝트 보고를 하기로 내정되어 있다. 지난 2개월 동안 프로젝트를 성공적으로 해내기 위해 심혈을 기울였다. 드디어 오늘이다. 성공적인 프레젠테이션 이후 받게 될 칭찬과 중역들에게 눈도장 찍고, 승진 심사에서 가산점도 획득! 생각만 해도 짜릿하다. 그런데 갑자기 어머니께서 응급실로 실려 가셨다는 전화를 받았다.

강준 씨는 어떤 선택을 해야 할까? 이 기회를 경쟁자인 동료에게 넘겨야 할까? 위급한 어머니에게 달려가야 할까?

너무 드라마 같다고? 우리는 살면서 많은 선택의 순간 앞에 서게 돼. 그때 필요한 것이 바로 가치관이야. 무엇을 우선순위에 두어야 할까?

직업을 선택할 때 직종이나 업무 내용을 자신의 가치관에 맞추지 않으면 인생이 내내 무미건조해지고 매순간 헷갈리는 상황에 처할 거야. 한 번뿐인 인생이야. 자신이 중요하다고 생각하는 것들을 지키면서 자신이 원하는 삶을 살기 위해 직업이 필요한 것이지. 단지 먹고살기 위한 경제적인 이유로만 직업이 필요한 것은 아니야.

먹고살기 위해 일을 해야 하는 것은 당연한 것이지만 그 일을 위해 삶의 대부분을 써 버린다면 세월이 흐른 뒤 우리 앞에 무엇이 남을까?

경제적인 충족과 함께 자신이 원하는 삶의 가치를 만족시킬 수 있는 일을 찾아야 해. 직업을 선택하기 전에 자신은 무엇을 우선순위에 둘 것인지 깊이 생각해야 해. 그리고 자신이 가고자 하는 길이 자신이 원하는 가치를 줄 수 있는 길인지 확인할 필요가 있어.

직업 가치관에 따라 직업이나 업무 처리 방식, 일하는 방향이나 그것을 준비하는 과정 또한 달라진단다. 취업은 직장이 나를 선택하는 것이지만 나 또한 직장을 선택하는 과정이야. 우리가 열심히 공부하고 노력하는 이유는 내 인생을 행복하게 하기 위해서 직업 가치관을 충족시킬 수 있는 직장을 고를 수 있는 선택권을 가지기 위해서라는 걸 잊지 마!

내 삶에서 중요한 가치관의 종류 및 추천 도서

도전과 성취

달성하기 어려운 목표를 세우고 이를 달성하여 성취감을 맛보는 것을 중요하게 생각하고 그런 성취감이 노력하는 동기를 유발하고 즐거움을 느낄 수 있어.

직업 예시

• 대학교수 • 연구원 • 프로 운동선수 • 연구가 • 관리자

관련 도서

『원 마일 클로저』 제임스 후퍼, 다산책방, 2015 ★★

『성공하는 사람들의 7가지 습관』 스티븐 코비, 김영사, 2003 ★★★

『하버드 새벽 4시 반 : 최고의 대학이 청년에게 들려주는 성공습관』 웨이슈잉, 라이스메이커, 2015 ★★★

타인을 돕는 삶

어려운 사람을 돕고 남을 위해 봉사하는 것을 중요하게 생각하고 자신의 이익보다는 사회의 이익을 먼저 생각하는 삶을 생각해.

직업 예시

• 판사 • 소방관 • 성직자 • 경찰관 • 사회복지사

관련 도서

『연필 하나로 가슴 뛰는 세계를 만나다』 애덤 브라운, 북하우스, 2014 ★★★

『해외봉사 바로 알고 가 : KOICA가 알려 주는 해외봉사 완벽 가이드』 한국국제협력단, 파이카, 2012 ★★★

『사회복지가 말하는 사회복지사 : 22명의 사회복지사들이 솔직하게 털어놓는 사회복지사의 세계』 김세진 · 주솔로몬 · 추창완 · 이상훈 · 임병광, 부키, 2013 ★★★

개별적인 활동

자신만의 시간과 공간을 가지고 다른 사람들과 어울려서 일하는 것보다 혼자 일하는 것이 좋아!

직업 예시

• 디자이너 • 화가 • 운전사 • 교수 • 연주가

관련 도서

『젊은 예술가에게』 아트온페이퍼 편집부, 아트북스, 2009 ★★

『창작의 힘 : 예술가 24인의 일상과 취향』 유경희, 마음산책, 2015 ★★

『1인 기업이 갑이다 : 끌어가는 삶을 살 것인가, 끌려가는 삶을 살 것인가』
윤석일 북포스, 2014 ★★★

안정적인 직업

오랫동안 안정적으로 일하며 안정적인 수입이 중요해. 해고나 조기 퇴직의 불안감을 느끼고 싶지 않아.

직업 예시

• 미용사 • 교사 • 약사 • 변호사 • 기술자 등

관련 도서

『데일 카네기 인간관계론』 데일 카네기, 리베르, 2006 ★★

『어떻게 일하며 성장할 것인가 : 직장인이 던져야 할 11가지 질문』 전영민, 클라

188

우드나인, 2014 ★★★★

『스마트한 월급 관리의 법칙 : 월급만으로 부자가 된 평범한 직장인들의 30일 재정 관리 프로젝트』 김경필, 비즈니스북스, 2015 ★★★★

변화 있는 생활

다양하고 새로운 것을 경험할 수 있는 일이 좋아. 반복적이거나 정형화되어 일은 지루하고 성격에 맞지 않아.

직업 예시

• 연구원 • 컨설턴트 • 소프트웨어 개발자 • 광고 및 홍보 전문가 • 메이크업 아티스트

관련 도서

『광고인이 말하는 광고인』 안상헌, 국정애, 부키, 2008 ★★★
『에릭 월 창의력 특강』 에릭 월, 넥서스BIZ, 2015 ★★★
『작고 소박한 나만의 생업 만들기』 이토 히로시, 메멘토, 2015 ★★★

여유로운 삶

마음과 몸의 여유를 가질 수 있는 업무나 직업이 좋아. 건강을 유지할 수 있고 스트레스를 적게 받는 것이 중요해.

직업 예시

• 레크리에이션 진행자 • 교사 • 대학교수 • 화가 • 조경 기술자

관련 도서

『사색이 자본이다』 김종원, 사람in, 2015 ★★★

『적당히 벌고 잘 살기』 김진선, 슬로비, 2015 ★★★

『시간 돈 행복 : 시간과 돈-유한한 삶의 재료로, 행복-무한한 욕망을 잡는 법』 앨리슨 헤인스, 용오름, 2007 ★★★★

영향력 발휘

타인에게 영향력을 행사하고 일을 자신의 뜻대로 진행할 수 있는 것이 좋아. 타인의 지시를 받는 일은 불편해.

직업 예시

• 감독 • 코치 • 관리자 • 성직자 • 변호사

관련 도서

『존 맥스웰의 위대한 영향력 : 마음을 움직이고 사람을 끌어당기는 힘』 존 맥스웰, 짐 도넌, 비즈니스북스, 2010 ★★★

『말공부』 조윤제, 흐름출판, 2014 ★★★

『워너비 오프라』 워렌 카셀, 웅진윙스, 2011 ★★★

지식 추구

일에서 새로운 지식과 기술을 얻을 수 있고 새로운 지식을 탐구하는 일을 하고 싶어.

직업 예시

• 판사 • 연구원 • 경영 컨설턴트 • 소프트웨어 개발자 • 디자이너

관련 도서

『위험한 과학책』 랜드 먼로, 시공사, 2015 ★★

『어리석음이 마침내 산을 옮기다 : 소프트웨어 피플 Software People : 국내 대표 소프트웨어 기업 CEO 25인의 성장 스토리』 김기완, 모자이크커뮤니케이션즈, 2007 ★★★

『통찰로 경영하라: 딜로이트 컨설팅』 김경준, 원앤원북스, 2014 ★★★★

나라 사랑

국가의 장래나 발전을 위하여 자신의 힘을 보태고 세상을 위해 의미 있는 일을 하고 싶어.

직업 예시

• 군인 • 경찰관 • 검사 • 소방관 • 사회단체 활동가

관련 도서

『법의학자 · 군인 – 적성과 진로를 짚어 주는 직업 교과서』 와이즈멘토, 주니어김영사, 2013 ★★

『나라를 사랑하는 50가지 방법』 무브온, 리북, 2010 ★★★

『꿈꾸는 개발협력? 꿈 밖의 현장! : 국제개발협력 NGO의 현장 활동 이야기』 한국국제협력단 민관협력실, 한울, 2013 ★★★

자유로운 활동

다른 사람들에게 지시나 통제를 받지 않고 자유롭게 일하고 싶어. 타인의 통제 안에서는 뭔가를 할 의욕이 생기지 않아.

직업 예시

• 연구원 • 자동차 영업사원 • 레크리에이션 진행자 • 광고 전문가 • 예술가 • 인테리어 목수

관련 도서

『젊은 목수들 – 한국』 편집부, 프로파간다, 2014 ★★

『생명의 교실 : 어느 생물학자의 생명탐구 여행기』 가와바타 구니후미, 목수책방, 2014 ★★★

『포토 스토리텔링의 기술』 데이비드 두쉬민, 정보문화사, 2011 ★★★

경제적 만족

생활하는 데 경제적인 어려움을 느끼고 살고 싶지 않아. 돈을 많이 벌 수 있는 직업을 원해.

직업 예시

• 프로 운동선수 • 증권 및 투자 중개인 • 공인회계사 • 금융자산 운용가 • 기업 고위 임원

관련 도서

『부자습관』 로버트 콜리어, 가야북스, 2008 ★★

『워런 버핏 이야기 : 투자가를 꿈꾸는 세계 청소년의 롤모델』 앤 재닛 존슨, 명진출판
사, 2009 ★★

『부자가 되는 길』 벤자민 프랭클린, 청년정신, 2010 ★★

『돈에서 자유로워지는 시간』 고득성, 다산북스, 2016 ★★★

『기요사키와 트럼프의 부자』 로버트 기요사키 · 도널드 J. 트럼프, 리더스북, 2007 ★★★

『대한민국 20대, 재테크에 미쳐라』 정철진, 한스미디어, 2006 ★★★

『시골의사의 부자경제학』 박경철, 리더스북, 2011 ★★★

『보도 섀퍼의 돈』 보도 섀퍼, 북플러스 2011 ★★★★

『아기곰의 10년 동안 써먹을 부동산 비타민』 아기곰, 중앙일보조인스랜드, 2008 ★★★★

『굿잡스 : 연봉이 높은 데는 그만한 이유가 있다 ? 공공기관 편』 안기범, 좋은땅,
2014 ★★★★

사회적 인정

자신의 일이 다른 사람들에게 인정받고 사회적으로 존경 받을 수 있는 일
이 좋아.

직업 예시

• 항공기 조종사 • 판사 • 교수 • 운동선수 • 연주가

관련 도서

『나는 축구선수다 : 박지성, 판 페르시, 메시, 카시야스 등 세계적인 스타 플

레이어 40인의 축구 인생』^{톰 와트, 청림라이프, 2012 ★★}

『나의 직업 항공기 조종사』^{청소년행복연구실, 동천출판, 2014 ★★}

『인간의 품격』^{데이비드 브룩스, 부키, 2014 ★★★}

실내 활동

주로 사무실에서 일할 수 있고 신체 활동을 적게 요구하는 직업을 가지고
싶어.

직업 예시

• 번역사 • 관리자 • 상담원 • 연구원 • 법무사

관련 도서

『당신의 이야기를 들려주세요 : 나는 상담심리전문가입니다』^{허지은, 바다출판사,}
2014 ★★★

『숨겨진 심리학 : 최고의 프로 파일러가 알려 주는 설득과 협상의 비밀』^{표창}
원, 토네이도, 2011 ★★★★

『갈등하는 번역』^{윤영삼, 글항아리, 2015 ★★★★}

인물로 읽어 보는 삶의 가치

삶의 필수 요소	인물
지혜, 용기	밀리 브란트, 칭기즈칸, 광개토대왕, 버락 오바마 등
희망, 도전	가난한 사람과 함께했던 프란치스코, 컴퓨터의 황제 빌 게이츠, 조앤 롤링, 코코 샤넬, 반기문, 정주영, 석주명, 김연아 등
사랑, 봉사	가난한 사람을 위한 은행을 만든 유누스, 몬테소리, 삼천만 그루의 나무를 심은 왕가리 마타이 등
자유, 인권	구 버마(현재 미얀마) 민주화를 위해 싸운 아웅산 수지, 노예 해방에 앞장선 링컨, 녹두장군 전봉준 등
과학, 발명	발명왕 토머스 에디슨, 노벨상을 만든 노벨, 조선의 과학자 장영실 등
예술, 학문	영화감독 스필버그, 위대한 음악가 슈베르트, 영국의 극작가 셰익스피어 등

◎ 가치관 알기

내가 중요하게 생각하는 가치관을 고르고 관련된 직업을 찾아보자. 그런 다음 도서관으로 가서 읽어야 할 책 목록을 작성하고 책 읽기 시작!

-가치관을 따라가는 독서 목록

나의 우선 가치관	탐색 직업	독서 목록

-책을 읽고 등장인물의 가치관 분석하기

책 제목		
등장인물	소중한 가치관	이유, 근거
나와 가장 비슷한 가치관을 가진 인물과 그 가치관은 어떤 가치관인가?		

제4장

분야별
독서 방법 &
진로
독후 체험

분야별
진로 탐색 독서

초등학교, 중학교 시기에는 진로를 찾는 일이 그리 급한 일처럼 느껴지지는 않아. 아주 먼 미래 일 같거든. 그런데 그렇게 먼 얘기처럼 지내다 고등학생이 되면 1학년 때부터 학교 생활기록부에 희망 직업을 써야 해. 그냥 일단 생각나는 대로 적으면 되지 않냐고? 생활기록부에 남는 기록은 나중에 대학 학생부 종합전형이란 것에 중요한 자료가 돼. 가고 싶은 대학 학과에서는 왜 우리 대학 우리 과에 지원하려고 했는지를 중요하게 생각해. 그렇기 때문에 생활기록부에 쓴 희망 직업을 유심히 보게 되거든.

그래서 아무거나 일단 적어 놓은 학생들은 나중에 진로를 바꾸고 나서 바꾼 이유를 설명하려고 애를 쓰게 되지. 또 희망 진로를 적는 것뿐만 아니라 관련한 활동들도 생활기록부에 쓰게 되는데, 그 활동들이 모두 바뀐 희망 직업과 관련된 활동이 아니라 예전 희망 직업과 관련된 활동이라면 별로 필요 없게 느껴지겠지?

진로는 사실 얼마든지 바뀔 수 있어. 그런데 그냥 "이게 더 좋아 보여서 바꿨어요."라고 하는 대답은 논리적이지 않은 사람으로 보이게 하겠지? 진로가 바뀐 이유와 동기를 설명해야 하고, 이 이유가 입학 평가자 입장에서 납득 가능해야 해. 중학교 때 자신의 진로에 대해 곰곰이 생각하고 고민한 학생이라면 희망 진로가 엉뚱하게 갑자기 바뀌진 않을 거야. 바뀌었다고 해도 이미 근거를 제시할 준비가 되어 있고 방법을 설명할 수 있는 학생일 거야. 고민은 그만큼 사람을 성장시키거든.

바쁜 고등학생 때 공부하랴 진로 찾으랴 진로 관련 활동하랴 하다 보면 무언가 하나를 놓치기 쉬워. 그래서 고등학생이 되어도 자신의 관심 분야나 지원 분야와 관련된 독서를 거의 하지 않은 경우도 많고, 학교 생활기록부에 기록된 책이라도 내용이 전혀 기억이 안 난다고 하는 학생도 많아.

독서 기록이란 단순히 어떤 책을 읽었다는 리스트를 보여 달라는 것이 아니라 독서 활동이 자신에게 어떤 생각을 갖게 하였으며 어떤 영향을 주었는지 보여 달라는 거야. 그러니까 자신이 진로를 정하는 데 필요한 정보를 얻을 수 있었던 책, 스스로 삶의 의미를 느끼도록 해 준 책, 생각의 변화를 가져오게 해 준 책 등 자신의 성장에 영향을 미친 책을 선정하여 깊이 있게 읽고 생각을 정리하는 것이 반드시 필요해.

분야별 진로 탐색 독서를 하기 위해서는 먼저 내가 어떤 성향인지 파악하고 어떤 분야의 책을 중점적으로 읽을 것인지 계획하는 시간이 필요해. 모든 분야의 책을 읽을 시간이 없잖아? 여기서는 크게 문과, 이과, 예체능 분야로 나누어 두었어. 아직 자신이 어떤 성향인지 몰라도 걱정하지 마. 자신에게 적합한 분야를 알기 위해 자신이 평소 어떤 공부에 관심이 있는지 확인해 보자. 다음으로 그 공부를 더 심층적으로 할 수 있는 대학의 학과를 갈 수 있는 분야가 문과인지 이과인지 연결해 보는 거야.

만약 내가 하고 싶은 직업이 명확하다면 거꾸로 확인 작업을 거쳐야 해. 내가 가지고 싶은 직업은 정확히 어떤 일을 하는 직업인가? 그 직업을 가지려면 대학에서는 무슨 공부를 해야 하나? 그 공부를 하기 위해 나는 지금 무슨 공부를 잘해야 하나?

관심 분야를 찾는 데 진로 독서를 통해 나의 지적 호기심이 어느 분야에 더 관심이 있는지 확인해 볼 수 있어. 관심 분야의 책을 읽었는데 너무 재미있어서 더 읽고 싶고 찾아보고 싶다면 나에게 맞을 수 있어. 하지만 기대했던 것과 달리 지루하고 어렵게만 느껴진다면 나중에 그 분야 일을 하게 되었을 때도 즐겁게 일하고 즐겁게 공부하기 어려울 거야. 직업을 가져도 그 분야의 공부는 계속해야 하거든.

관심 분야에 대한 독서 습관은 내가 하고 싶은 일과 공부에 관련한 배경지식을 쌓게 해 주고, 막연히 꿈을 가지고 있는 학생과는 차원이 다른 성숙한 꿈을 실천하는 사람이 되게 해 줄 거야. 지금 학교에서 배우는 과목별 세부 내용 중 내가 관심을 갖는 분야가 어떤 직업이나 학과와 관련이 있는지도 알아보고 관심 분야의 지적 호기심을 독후 활동으로 확장시켜 보도록 하자. 관심 분야의 지적 호기심을 확장시키고 충족시키기 위한 독서 활동이 진로 독서 기록의 중요한 사항이라는 것도 잊지 말고.

문과 • 이과 • 예체능
선택에 대한 팁

　문과, 이과, 예체능 계열을 선택할 때 가장 좋은 방법은 내가 원하는 직업을 가지는 데 필요한 지식을 배우는 계열이 어느 계열에 있는지 찾아보는 거야. 요즘 취업난으로 문과보다 이과를 선호하는 경향이 있지만 그렇게 무작정 이과를 선택했다가 적성에 안 맞아서 내내 하기 싫은 공부를 하거나 해도 오르지 않는 성적을 붙잡고 고민하게 될 수도 있어.

　많은 학생들이 문과나 이과를 선택할 때 수학이 싫으면 문과, 국어와 영어가 싫으면 이과를 선택하는 경향이 있어. 그런데 많은 대학생 선배들이 이런 기준으로 선택하면 후회하는 경우가 많다고 말을 해. 문과 계열의 학과인 경영, 경제학과에서도 수학이 필요한 경우가 많아. 그래서 문과와 이과 중에서 선택할 때 싫어하는 과목을 기준으로 생각하지 말고 좋아하고 잘하는 과목을 기준으로 선택하는 것이 좋아.

문과 관련 직업과
독서 활동

나는 언어, 외국어, 문학, 역사, 심리에 관심이 많은가?
(인문 계열)

인문학이란 인간의 문화, 가치를 바르게 이해하는 공부를 통해 다양한 문화와 시대적 상황에 맞게 세계와 소통할 수 있는 인재를 키우는 학문이야. 이러한 학문 분야를 인문 계열이라고 해. 인문 계열에서는 각 나라의 언어와 문화를 배울 수 있는 공부, 역사와 철학, 종교, 심리, 문학작품 창작과 관련된 공부를 하게 돼. 이 분야에 관심이 많은 사람들이 할 수 있는 일과 독서 방법을 알아보자.

질문	매우 그렇다	보통이다	아니다
나는 언어에 관심이 많다.			
나는 문화에 관심이 많다.			
나는 사람의 심리에 관심이 많다.			
나는 외국어 배우기를 좋아한다.			
나는 역사 공부를 좋아한다.			
나는 종교와 철학에 관심이 많다.			
나는 글쓰기나 문예 창작을 좋아한다.			

체크 리스트의 질문에 'ㅇ'가 많다면 인문학 계열에 관심이 있는 학생이야. 만약 아직 잘 모르겠다면 평소 흥미 있는 학교 수업을 잘 생각해 보자. 관심 있는 공부 분야를 대학에서 공부하고, 또 그 공부를 계속할 수 있는 직업을 선택한다면 아마 내가 평생 하고 살 수도 있는 일이 즐겁고 행복한 일이 될 수 있을 거야.

인문 계열 학과

• 고고학과 • 국어국문학과 • 국제지역학과 • 노어노문학과 • 독어독문학과 • 문예창작학과 • 문헌정보학과 • 문화인류학과 • 문화재학과 • 미술사학과 • 미학과 • 불교학과 • 불어불문학과 • 사학과 • 서어서문학과 • 신학과 • 심리학과 • 언어학과 • 영어영문학과 • 윤리학과 • 종교학과 • 중어중문학과 • 철학과 • 일어일문학과

평소 국어나 외국어 공부에 관심이 많았다면 관광통역 안내원, 번역가, 통역가, 국어 교사, 외국어 교사는 어떨까?

역사나 미술학에 관심이 있다면 역사학 연구원, 교수, 문화재 보존원, 역사 교사, 박물관 큐레이터에 관심을 기울여 보자.

사회 과목 중에서도 국제 사회 관계에 관심이 많았다면 외교관이나 국제회의 기획자를 추천해.

평소 글쓰기에 관심이 많다면 방송 작가, 소설가, 시인, 영화 시나리오 작가, 작사가, 출판물 기획자, 카피라이터, 평론가, 게임 시나리오 작가가 글쓰기와 관련된 직업이야.

인간관계나 윤리, 사람의 마음에 관심이 많은 학생은 사람의 마음을 어루만져 주는 상담 전문가, 심리학 연구원, 놀이 치료사, 미술 치료사 직업을 탐색해 보자.

학교 수업 관련 과목	관련 대학 공부	관련 직업
국어, 영어, 중국어, 일본어	국어국문학, 독어독문학, 불어불문학, 영어영문학, 언어학, 중어중문학, 일어일문학	관광통역 안내원, 번역가, 통역가, 국어 교사, 외국어 교사
역사, 미술	역사학, 고고학, 미술사학, 문화인류학	역사학 연구원, 교수, 문화재 보존원, 역사 교사, 박물관 큐레이터
사회	국제지역학	외교관, 국제회의 기획자
국어	문예 창작	방송 작가, 소설가, 시인, 영화 시나리오 작가, 작사가, 출판물 기획자, 카피라이터, 평론가, 게임 시나리오 작가
윤리, 통계	심리학, 윤리학, 종교학	상담 전문가, 심리학 연구원, 놀이 치료사, 미술 치료사

인문 계열 대표 직업과 진로 독후 활동

심리학자 진로 탐색과 진로 독서

먼저 직업 탐색을 해 보자. 그래야 독서 전략을 세울 수 있어.

심리학자가 되면 인간의 마음과 행동을 과학적으로 분석하고 사람의 마음을 치유해 주는 일을 해. 그렇기 때문에 심리학자가 되려면 평소 주변 사람들의 마음에 관심을 기울이고 분석해 보려는 습관이 필요해. 또 독서를 할 때도 소설 등을 읽고 주인공이나 등장인물의 말이나 행동을 통해 그 사람의 마음을 읽어 보는 연습을 해 보면 좋겠지?

이외에도 심리학은 과학의 학문이야. 그래서 논리적인 사고와 통계에 대한 흥미가 필요해.

심리학자가 되려면 사회 심리학, 성격 심리학, 언어 심리학, 임상 심리학, 범죄 심리학, 교통 심리학, 인지 심리학 등을 공부하게 돼. 인간의 심리뿐 아니라 범죄나 언어 분야에 관심이 있어도 심리학 공부를 해 보면 좋겠지?

심리학에 관심이 있다면 먼저 심리학과 관련된 책 읽기를 통해 심리학에 대해 알아보고 진짜 흥미인지 가짜 흥미인지 구별해 봐. 그러고 나서 소설같이 스토리가 있는 책을 읽고 등장인물의 성격을 심리학적으로 분석해 봐. 또 심리 관련 효과를 찾아보고 주변 사람들의 심리나 성격을 분석해 보는 것도 좋은 독후 활동이야.

도서명	『토요일의 심리클럽 : 심리 실험으로 탐구하는 알쏭달쏭 내 마음』 김서윤. 창비, 2011 ★★
독후 활동	가장 공감하는 심리학 이론은? 심리현상 중 내가 직접 겪은 일과 느낀 점은? 책에 나온 심리를 소재로 이야기 써 보기 방관자 효과에 대한 자신의 생각 써 보기
체험 활동	심리기제 인터뷰(대상 : 주변 친구들)

나는 경제·경영·금융에 관심 있는가?

평소 사회 수업 시간에 경제에 관련된 내용이 나오면 집중이 잘되고 쉽게 이해된다고 느낀 적 있어?

예를 들어 사회 시간에 '경제 활동, 수요, 공급, 투자, 주식, 이익, 소비, 소득, 재화, 서비스, 생산, 분배, 비용, 편익, 신용, 자산, 수요량, 공급량, 수요의 법칙, 공급의 법칙' 등의 이야기가 나왔을 때 흥미 있게 들었으면 경제, 경영, 금융 분야 직업에 관심이 있을 수도 있어.

아니면 평소에 '내가 만약 ○○회사 사장이라면'이라는 상상을 해 본 적 있거나, 용돈을 관리하는 일에 관심이 많은 학생이라면 이 분야에 관심이 있는지 잘 생각해 봐.

경영, 경제, 금융 회계 관련 직업

• CEO • 경영 컨설턴트 • 마케팅 전문가 • 증권투자 상담사 • 외환 딜러
• 금융자산가 • 회계사 • 세무사

기업 형태

• 기업 • 은행 • 증권 회사 등 금융기관 • 컨설팅 회사 • 회계법인

관련 대학 학과

• 경영학과 • 경제학과 • 국제경영학과 • 금융보험학과 • 마케팅학과
• 세무학과 • 회계학과

이 분야에서 진로 탐색 포인트로 잡아야 할 부분은 첫 번째로 내가 하고 싶은 일에 따라 어떤 공부를 하면 좋을지 로드맵을 정하는 건데 경제, 경영, 금융 관련 공부가 비슷해 보이지만 많이 달라.

예를 들어 경제학은 사회의 경제 현상을 분석하여 현상이 왜 이렇게 돌아가는지 설명하는 학문이지만, 경영학은 어떻게 하면 돈을 더 많이 벌 수 있는지를 공부하게 돼.

경제학과는 시험 때 도서관에서 책을 들고 분석해야 하지만, 경영학과는 조별로 함께 수행해야 하는 프로젝트가 많아. 세무회계학과와 경제학과 모두 수리논리력이 필요한 학문이므로 사회 과목만 좋아하면 되는 게 아니라 수학도 좋아하고 잘해야 해.

자신의 직업 목표와 함께 공부하는 스타일과 자신의 성격, 수리논리력 등의 차이로 이 분야 안에서도 공부하는 분야를 선택하는 것이 좋겠지?

진로 독서를 하다 보면 이런 차이점을 발견하기 쉽고 내 진로 목표를 결정하는 데도 도움이 돼.

두 번째, 경영이라 하면 CEO가 되어서 회사를 내 마음대로 관리하며 돈을 많이 버는 직업으로 생각할 수 있지만 실제로 CEO가 되는 길이 그렇게

단순하지 않아. 경영을 하려면 어떤 문제가 있을 때 그것을 해결하는 문제 해결력도 필요하고, 다른 사람의 마음을 잡을 수 있는 리더십과 대인 관계 능력, 회계와 관련한 수리논리력도 필요하지.

내가 하고 싶은 일에 필요한 능력이 어떤 것인지 먼저 파악하고 그 능력을 키우기 위한 독서 활동도 중요한 진로 독서 포인트야.

이제 실전 진로 독서 계획을 해 보자.

경영 마인드와 관련된 책을 고르는 진로 독서 포인트는 성공한 경영인들의 수기 형식의 책을 읽고 그들의 마인드와 경영 철학, 성공 포인트를 내 것으로 만드는 일이야.

경영에 관심 있는 학생이라면 스티브 잡스, 이건희, 빌 게이츠, 잭 웰치, 워런 버핏, 마 윈(알리바바), 손정의, 마크 저커버그 등 성공한 CEO들의 이름을 들어 본 적이 있을 거야.

CEO들도 경영 스타일이 모두 다르므로 나에게 와 닿는 경영 철학을 가진 경영인을 찾고, 그들의 성공 철학을 찾아보자. 또 성공한 경영인에 대한 책을 읽고 그들의 공통점을 찾아보고 내가 키워야 할 기본적인 경영 마인드를 생각해 보는 것도 좋겠지?

경영 분야에서도 내가 관심 있는 분야에서 성공한 CEO와 관련된 책이 있다면 어떤 포인트에서 그 CEO가 성공할 수 있었는지 생각해 보고 정리해 보자.

경영인의 경영 마인드를 파악할 수 있는 책

『내가 상상하면 현실이 된다』 리처드 브랜슨, 리더스북, 2007 ★★

『1분 경영수업』 켄 블랜차드 · 이던 윌리스, 랜덤하우스코리아, 2008 ★★

『죽은 CEO의 살아 있는 아이디어』 토드 부크홀츠, 김영사, 2009 ★★★

『야마다 사장, 샐러리맨의 천국을 만들다』 야마다 아키오, 21세기 북스, 2007 ★★★

『경영의 마음가짐』 마쓰시다 고노스케, 청림출판, 2007 ★★★

『스티브 잡스의 신의 교섭력』 다케우치 가즈마사, 에이지21, 2009 ★★★★

　다음으로 경영이나 경제학에 대해 이해할 수 있는 책을 읽고 경영과 경제에 대한 이해를 깊게 해 보길 바란다. 경제, 경영 분야는 내가 생각하는 것과 같은지 다른지, 만약 다르다면 어떻게 다른지 알아보자.

경영·경제에 대한 이해를 높일 수 있는 책

『십대를 위한 경제 교과서-생활로 푼 꼬리 물기 경제 상식』 오형규, 뜨인돌, 2014 ★★

『청소년을 위한 1010 경제학』 한스 크리스토프 리스, 탐, 2013 ★★

『씽크 이노베이션』 노나카 이쿠지로·가쓰미 아키라, 북스넛, 2008 ★★★

『부자의 경제학 빈민의 경제학』 유시민, 푸른나무, 2004 ★★★

『서른 살 경제학』 이타미 히로유키, 살림Biz, 2008 ★★★

『지금 당장 경제공부 시작하라』 최진기, 한빛비즈, 2009 ★★★

『청소년을 위한 경제의 역사』 니콜라우스 피퍼, 비룡소, 2006 ★★★

『청소년을 위한 국부론』 김수행·애덤 스미스, 두리미디어, 2010 ★★★

『똑똑한 돈』 나선·이명로, 한빛비즈, 2009 ★★★

『괴짜경제학』 스티븐레빗·스티븐더브너, 웅진지식하우스, 2005 ★★★

『상식 밖의 경제학』 댄 애리얼리, 청림출판, 2008 ★★★

『딜리셔스 샌드위치』 유병률, 웅진윙스, 2008 ★★★

『승자독식사회』 로버트 프랭크·필립 쿡, 웅진지식하우스, 2008 ★★★★

『MT 경영학』 이동진, 장서가, 2011 ★★★★

    마지막으로 CEO가 되기 위해 필요한 자질과 관련된 독서 활동도 꼭 필요해. 먼저 멋진 CEO가 되는데 필요한 성격과 역량을 떠올려 보자.

    경영에 필요한 마인드는 어떤 것들이 있을까? 준법정신, 일에 대한 남다른 열정, 창의력, 소통능력, 리더십, 판단력, 위기관리 능력, 시간 투자, 도전정신, 실행 능력 등이 필요할 거야.

    이 중에서 나에게 필요한 능력이나 성격이 있는지 살펴보고 독서를 통해 이런 능력을 키우도록 해 보자.

한번 해 볼까?

도서명	『어린이 경제 원론』 김시래 · 강백향, 명진출판사, 2005 ★★
독후 활동 예시	–자유 무역을 가로막고 있는 문제와 발전 방안 생각해 보기 –경제 발전의 단점과 극복 방법 –한미 FTA 협정에 대한 나의 생각 쓰기
체험 활동 예시	농촌 체험 캠프 – 농촌 체험과 한미 FTA에 대한 농민의 생각 인터뷰하기

한번 읽어 볼까?

◎ 『십대를 위한 경제 교과서 – 생활로 푼 꼬리 물기 경제 상식』 오형규, 뜨인돌, 2014 을 읽고 – 중1 임진서

책을 읽으면서 몰랐던 많은 단어와 이야기를 알게 되었다. 읽고 나니 아버지와 이야기할 거리도 많아졌다. 책 내용과 아버지의 생각이 다른 부분도 있고 같은 부분도 있는데 아직은 어느 쪽인지 내가 판단하기엔 어려운 부분도 있다. 둘 다 맞는 것 같아서 헷갈리는 부분도 있다.

가장 기억에 남는 단어는 '마이스터 고등학교'였다. 지금은 중학교 1학년이지만 고등학교 진학이 다가올 것이고 가야 할 곳도 정해야 해서 고민이 많다. 내가 생각하기에 이 학교는 나쁘지 않은 것 같다.

대학에 진학하지 않고 바로 취업을 할 수 있기 때문에 내가 원하는 안정적인 보수를 충족시킬 수 있을 것 같다. 그리고 대학교도 가지 않기 때문에 공부도 적게 해도 된다는 것도 마음에 든다. 하지만 내가 대학에 진학하지 않고 마이스터 고등학교를 선택한다면 부모님이 반대하실 것 같아서 부모님께 이야기하진 않았다.

계속 고민해야 할 문제인 것 같다. 경제적이라는 관점에서 보면 나쁘지 않은 게 아닌가 하는 생각이 든다. 등록금은 적게 들고 취업은 일찍 할 수 있다. 직장도 비교적 안정적인 곳을 선택할 수도 있다.

그래도 만약 내가 다른 일이 하고 싶어진다면 그때 좀 곤란한 상황일 것 같다. 마이스터 고등학교는 특정 분야에 대한 전문성을 교육시킨다는데, 만일 다른 일이 하고 싶어진다면 처음부터 다시 공부해야 할 수도 있겠다.

정말로 확신이 드는 나의 길이라는 생각이 들 때 선택해야 하는 문제라는 생각이 든다.

그리고 또 하나 '러다이드 운동'이다. 산업혁명이 발발하면서 손에 의존하는 방직업과 양모직업에 기계 생산이 시작되자 수많은 노동자들이 일자리를 잃고 밤마다 가면을 쓰고 기계를 부수고 다닌 일이다. 일자리와 임금이 오르려면 생산이 늘어야 하는데 노동자들의 오해에서 비롯됐다.

얼마 전 친구들과 토론 프로그램을 할 때 비슷한 주제로 이야기를 한 적이 있다. 인공지능의 발전이 계속된다면 인간의 일자리가 줄어들 것이고 우리 모두 인공지능과 경쟁해야 할 상황이 벌어질 것이라는 생각에 그날 토론의 결과는 일정한 제한 없는 계속된 개발은 위험하다는 결론에 도달했었다.

만약 내가 정부 정책 담당자라면 손에 의존하는 직업들은 나름의 수제 제품 분야로 보호해 주고 기계는 기계대로 생산을 하면 개인 중에는 수제 제품을 좋아하는 사람도 있을 것이기 때문에 그렇게 하면 노동자를 보호해 줄 수 있을 거라는 생각이 든다. 결국 기계와 인간이 공존하는 미래에 대한 고민이 계속 필요하다.

법률, 정치, 행정, 복지에 관심이 많다

사회 시간 특히 정치와 법 단원이나 인구와 도시 문제 단원에 관심이 있었던 학생이라면 법률, 정치, 행정 분야의 직업에 관심을 기울여 보자.

법과 관련된 직업

• 검사 • 판사 • 변호사 • 경찰 • 감정평가사 • 교도관

행정과 관련된 직업

• 공무원 • 군무원 • 정치인

정치와 관련된 직업

• 국회의원 • 국회의원 보좌관 • 정책 연구원

대학 학과

• 경찰행정학과 • 도시지역계획학과 • 법학과 • 사회복지학과 • 사회학과
• 정치외교학과 • 행정학과

먼저 우리 사회에서 어떤 사람이 정치인이나 공무원, 판사, 검사와 같은 법과 관련된 일을 하면 좋을 것 같은지 잠시 생각해 봐.

바른 사회를 만들고 싶은 마음이 있는 사람, 편견이 없는 사람, 공정한 사람, 어려운 사람을 그냥 지나치지 않는 사람이 그런 일을 했으면 좋겠다는 생각이 들지?

이 분야의 일을 하고 싶은 사람은 특히 사명감이 중요해. 이런 사명감을

가지고 있으면서 명예에 대한 가치관이 명확한 학생은 국회의원 · 판사 · 검사 · 변호사 등의 직업을, 안정적인 직업을 희망하는 학생은 공무원 · 경찰 등의 직업을 탐색해 보면 어떨까?

질문	매우 그렇다	보통이다	아니다
정치 제도에 관심이 많다.			
법과 질서에 관심이 많다.			
지역사회 문제 해결을 하고 싶다.			
선거나 정당에 관심이 많다.			
공정한 사회를 만드는 일을 하고 싶다.			
어려운 사람을 돕는 일을 하고 싶다.			

이 분야의 진로 독서 포인트는 관련 직업에 대한 이해와 함께 이 직업에 필요한 가치관을 키우는 일이야.

변호사 관련 도서

『성냥팔이 소녀는 누가 죽였을까 : 세상에서 가장 기묘한 22가지 재판 이야기』 도진기, 추수밭, 2013 ★★

『판사 검사 변호사가 말하는 법조인』 박원경, 구태언, 부키, 2006 ★★

『궁금해요 변호사가 사는 세상』 금태섭 · 안상운, 창비, 2009 ★★★

도서명	『미래의 법률가에게』 앨런 더쇼비츠, 미래인, 2008 ★★
독후 활동	–자신이 생각하는 법률가의 가치관 쓰기 –유죄인 사람을 변호해야 하는 이유 생각해 보기
체험 활동	영화 〈변호인〉 〈레인메이커〉 감상 후 감상 후기 쓰기

도서명	『궁금해요 변호사가 사는 세상』 금태섭, 안상은, 창비, 2009 ★★★
독후 활동	–판사, 변호사, 검사가 하는 일 –유명한 재판에 대한 나의 생각 –사형 제도 폐지에 대한 나의 생각 정리하기
체험 활동	우리 지역 법원 탐방 : 법원에 있는 기관들과 하는 일 조사하기

도서명	
독후 활동	
체험 활동	

도서명	
독후 활동	
체험 활동	

도서명	
독후 활동	
체험 활동	

누군가를 가르치는 일을 하고 싶다(교사, 교수, 강사, 유치원 교사 등)

교사가 되고 싶은 학생이라면 우선 내가 왜 교사가 되고 싶은지 생각해 보았니?

누군가를 가르치는 일을 잘해서? 부모님이 추천하는 직업이어서? 어떤 특정 과목을 잘하니까? 안정적인 직업이어서? 인기 직업이어서?

자신만의 이유를 생각해 보고 다음 질문에 답해 보자.

질문	매우 그렇다	보통이다	아니다
설명하는 것을 좋아한다.			
내 설명이 이해하기 쉽다고 한다.			
이해심과 배려심이 많은 편이다.			
공부 못하는 사람도 존중한다.			
나는 전달력이 좋다.			
교육의 중요성을 실천하고 싶다.			
돈보다는 안정적인 직업이 좋다.			

가르치는 직업을 갖고 싶은 학생이 진로 독서를 통해 탐색하고 추구해야 할 일은 첫째 가르치고 싶은 분야에 대한 열정을 확인하는 거야.

내가 가르치고 싶은 분야에 관심이 남다른지, 그 과목을 잘 가르칠 수 있는 특별한 능력이 있는지 등을 확인하려면 가르치고 싶은 분야에 대한 과목을 잘하기 위한 독서 전략도 필요해.

예를 들어 수학 교사가 되고 싶으면 수학이라는 학문 자체에 대한 관심이 남달라야겠지? 수학 문제를 해결하는 나만의 비법이나 그것들을 전달하는 전달력도 있어야 하고, 수학 자체를 즐겨야 다른 사람에게 즐겁고 쉽게 수학을 가르칠 수 있어.

교사가 되고 싶은 학생은 다음 전공 중에 어떤 분야를 잘 가르칠 수 있는지 어떤 분야에 관심이 있는지 체크해 봐.

가르치고 싶은 분야가 명확해졌다면 그 분야를 깊이 있게 공부할 수 있는 독서를 해 보기로 해.

교육 관련 전공 학과

•가정교육과 •과학교육과 •교육공학과 •교육학과 •국어교육과 •기술교육과 •독어교육과 •물리교육과 •미술교육과 •보육학과 •불어교육과 •사회교육과 •생물교육과 •수학교육과 •역사교육과 •영어교육과 •유아교육학과 •음악교육과 •일어교육과 •지구과학교육과 •지리교육과 •체육교육과 •초등교육과 •컴퓨터교육과 •특수교육과 •한문교육과 •화학교육과 •환경교육과 •윤리교육과

두 번째, 누구를 대상으로 가르치고 싶은지 생각해 봤어?

가르치는 직업은 배우는 사람의 나이에 따라 나누면 영유아 대상의 어린이집 교사, 유치원 교사, 초등학교 교사, 중고등학교 교사, 학원 강사, 방과 후 강사, 대학교수, 성인 대상 강사 등으로 나눌 수 있어.

어린이집 교사나 유치원 교사는 7세 이하의 어린아이를 대상으로 쉽고 재미있게 가르칠 수 있는 능력과 인내력이 필요해. 초등학교 교사는 교대라는 어려운 대학 관문을 뚫고 임용고시에 통과해야 하니까 공부를 잘해야 해. 중고등학교 교사도 사범대학 졸업 후 임용고시에 합격해야 하기 때문에

가르치고 싶은 과목에 대한 관심, 흥미뿐 아니라 공부를 열심히 할 수 있는 지구력과 끈기가 필요해. 인기 있는 학원 강사가 되기 위해서는 과목에 대한 전문성, 전달력과 함께 자기 관리 능력이나 스피치 능력도 필요하겠지? 교수가 되려면 어때야 할까? 교수가 되기 위해서는 연구를 위한 지적 탐구심이 있어야겠지?

이처럼 각기 다른 능력과 분야의 가르치는 직업들 앞에서 '나는 누구를 가르치고 싶은가?', '나는 어떻게 가르치고 싶은가?', '나는 왜 가르치고 싶은가?'에 대한 답을 구해 보길 바라.

먼저 교육과 가르침에 대한 이해를 돕는 진로 독서 활동을 해 봐.

교육 관련 도서

『선생님은 살아 있는 교육 과정이다』 김용근, 물병자리, 2014 ★★★

『왜 교육은 인간을 불행하게 하는가(전 거창고 교장 전성은의 교육론)』

전성은, 메디치미디어, 2013 ★★★

『교육 과정에 돌직구를 던져라(종이교육은 그만하고 삶을 살아가고 싶다)』

정성식, 에듀니티, 2014 ★★★★

『교육 과정 콘서트(통합교과수업을 위한 행복한 멘토링 교과서)』

이경원, 행복한 미래, 2014 ★★★★

도서명	『선생님, 우리 얘기 들리세요?』 롭 부예, 다른, 2011 ★
독후 활동	–좋은 선생님의 조건 써 보기 –내가 선생님이 된다면 우리 반의 모습은…. –즐거운 교실을 위해 내가 할 수 있는 일
체험 활동	–우리 학교 선생님 직업 인터뷰해 보기 　①직업의 장점과 단점 　②선생님이 되는 과정

도서명	『선생님의 밥그릇』 이청준, 다림, 2002 ★★
독후 활동	–체벌의 정당성과 부당성 –좋은 교사의 조건 5가지 –내 인생의 선생님 에세이 쓰기
체험 활동	우리 학교 선생님 : 문제 아동 교육 비법 인터뷰

도서명	『나는 런던의 수학선생님』 김은영 브레인스토어, 2009 ★★
독후 활동	–우리나라 학제와 영국 학제의 공통점과 차이점 조사하기 –우리나라에서 중등 교사가 되기 위한 교과 정보 조사하기
체험 활동	기억에 남는 은사 찾아 뵙고 '교육 가치관' 인터뷰

도서명	『거창고 아이들의 직업을 찾는 위대한 질문』 강현정, 전성은 메디치미디어, 2015 ★★
독후 활동	활동 내용 : 내가 교육자가 된다면 어떤 학교에서 어떤 교육관을 가지고 학생들을 만날까 생각하고 설계해 보자! 거창고등학교 직업 선택 10계명

	1. 월급이 적은 쪽을 택하라.
	2. 내가 원하는 곳이 아니라 나를 필요로 하는 곳을 택하라.
	3. 승진의 기회가 거의 없는 곳을 택하라.
	4. 모든 것이 갖추어진 곳을 피하고 처음부터 시작해야 하는 황무지를 택하라.
	5. 앞을 다투어 모여드는 곳은 절대 가지 마라.
	아무도 가지 않는 곳으로 가라.
	6. 장래성이 전혀 없다고 생각되는 곳으로 가라.
	7. 사회적 존경 같은 건 바라 볼 수 없는 곳으로 가라.
	8. 한가운데가 아니라 가장자리로 가라.
	9. 부모나 아내나 약혼자가 결사 반대를 하는 곳이면 틀림없다. 의심치 말고 가라.
	10. 왕관이 아니라 단두대가 기다리고 있는 곳으로 가라.
체험 활동	명문 학교 탐방 : 무엇 때문에 '명문 학교'라고 하는 걸까? 내가 다니고 싶은 학교, 일하고 싶은 학교, 설립하고 싶은 학교 방문해 보고 사진 찍기

도서명	
독후 활동	
체험 활동	

도서명	
독후 활동	
체험 활동	

세계와 함께하는 사람이 되고 싶어

요즘은 글로벌 시대인 만큼 세계를 무대로 하는 일도 많아지고 있어. 국제 문화나 교류에 관련된 직업이나 무역, 국제회의, 국제기구 등에서 일하는 사람도 많아지고 있어. 글로벌, 국제화시대에 해외를 넘나들며 자신의 꿈을 펼치고 싶은 학생들은 관련 직업과 학과에 관심을 가져 보자.

세계를 무대로 하는 직업

• 외교관 • 국제회의 기획자 • 국제 무역 사무원 • 국제 공무원 • 국제기구 사무원 • 국제 구호 활동가 • 국제 의료 관광 코디네이터 • 공정여행 기획가 • 조종사 • 스튜어디스

외교관과 관련한 진로 독서를 하기 위해서 먼저 외교관이 하는 일을 분석해 보자. 외교관은 부임한 나라에서 그 나라의 정치적 상황, 경제 정보, 생활 정보 등을 수집하고 분석하여 우리나라의 정부나 기업에 알리는 사람이야.

우리나라의 입장을 상대 나라에 알리고, 문화를 알리고, 자국민이 위험에 처했을 때 그들을 보호하기 위한 활동도 해.

또 외교관이 되려면 문화와 국제 정치, 국제 사회의 이해, 각 나라의 근현대사, 정치 경제, 대외 관계, 통상 정책, 국제기구와 국제 정치 등을 공부해야 해.

외교관이 되기 위해서는 외교관이나 외교와 직접 관련된 책 이외에도 각 나라의 역사나 문화, 정치, 국제 사회와 관련된 독서가 도움이 되겠지?

외교관 관련 독서 활동 첫 번째 단계는 외교관에 대한 정보를 자세히 알 수 있는 책을 읽는 거야. 외교관 직업을 소개하는 책은 외교관이 하는 일에

대해 생생하고 현실적으로 알 수 있게 많은 도움을 줘.

외교관에 대한 생생한 이야기나 인물을 그린 책

『외교관 아빠가 들려주는 외교 이야기』 정기종, 토토북, 2012 ★★

『조용한 열정, 반기문』 이하원, 양용균, 기파랑, 2006 ★★

『외교관은 국가대표 멀티플레이어』 김효은, 럭스미디어, 2008 ★★★

『외교는 감동이다』 유복근, 하다, 2015 ★★★

이러한 책을 읽고 '내가 생각하던 외교관이 하는 일과 진짜 외교관이 하는 일은 얼마나 같고 얼마나 다르지?', '외교관이 하는 일은 정말 내가 흥미가 있는 일일까?', '내가 생각하지 못했던 외교관에 대한 정보를 알게 된 것은?', '외교관의 장점 중 매력적인 점은?', '외교관이라는 직업의 단점 중 내가 극복해야 할 일은?' 등의 질문에 대답해 보도록 하자.

다음으로 필요한 독서는 외교관과 직접 연관이 없더라도 외교관이 하는 일이나 외교관이 되기 위해 필요한 공부 분야와 관련된 책을 읽는 거야. 이런 분야의 책을 흥미 있게 읽는다는 것은 외교관이 되기 위한 공부나 외교관의 역할도 재미있게 할 수 있다는 증거라고 볼 수 있어.

먼저 외교관이 하는 일을 알아보았으니까 외교관이 되려면 어떤 성격이나 능력이 필요할지 찾아볼 수 있겠지?

외교관에게는 판단력, 의사 결정 능력, 외국어 능력, 소통능력 등이 필요해. '내가 외교관이 되고 싶어서 알아보았고, 그 결과 이러한 능력이 필요하네.'라고 차곡차곡 쌓은 관심 분야에 대한 독서는 내가 얼마나 그 분야에 관심이 있었는지 어필할 수 있는 토대가 돼. 그럼 당연히 외교관이 되기 위해 필요한 공부 분야에 관련된 책을 읽는 것도 도움이 되겠지?

외교관 추천 도서

『국제 정치 이야기 : 전쟁과 평화로 배우는』 김준형, 책세상, 2006 ★★★

『유엔과 국제기구를 당신의 무대로 만들어라!』 김바른, 글로벌리더스, 2015 ★★★

『어떤 게 정상이야? : 우리가 가진 문화적 편견에 대한 진실』 볼프강 코른, 웅진주니
어, 2014 ★★★

『그동안 우리가 몰랐던 대한민국 외교 이야기』 박수길, 비전코리아, 2014 ★★★

『간 큰 대사, 당당한 외교이야기 (주일대사 권철현 뚝심과 신뢰로 세상을 사로
잡다)』 권철현, 웅진지식하우스, 2011 ★★★

『국제 관계, 어떻게 이해해야 할까? 세상에 대하여 우리가 더 잘 알아야 할
교양 24』 닉 헌터, 내인생의 책, 2013 ★★★★

한번 해 볼까?

세계에 내가 펼치고 싶은 역할	
관심 있는 직업	
필요한 공부나 능력	
능력을 키우기 위한 관련 도서 목록	
책을 읽고 새롭게 알게 된 점	
나의 생각에 미친 영향	

이과 관련 직업과
독서 활동

    흔히 수학과 과학을 좋아하면 이과형 인간이라고 해. 실제로 이과 직업을 가지기 위해서 해야 하는 공부 중 많은 부분을 두 과목과 관련된 것이 차지하고 있기 때문이지. 그런데 말이야. 일은 그 과목 공부만 잘한다고 잘할 수 있는 건 아니잖아? 그 일을 하는 사람에게는 그에 맞는 마음, 열정, 사명, 가치관이 있어야 즐겁게 할 수 있어.

    이과형 직업이라고 해서 계산하고 문제를 풀고 과학적 사고만 잘하면 된다고 생각하지는 마. 다양한 관점으로 갖추어야 할 능력을 바라보고, 나에게 있는지 없는지 점검해 봐. 정말 하고 싶은 일이 이 분야에 있다면 필요한 능력을 키우기 위해서 진로 독서라는 강력한 보약을 처방해 보자.

다른 사람의 아픈 곳을 치료해 주고 건강하게 해 주고 싶다

의사, 간호사, 약사 등 건강과 관련된 직업을 가지고 싶다면 '내가 왜 그것이 되고 싶은지'를 정말 깊이 생각해 보았니? 이러한 직업은 사람의 생명이나 건강과 관련된 일을 할 직업이기 때문에 그만큼 사명감이 필요한 직업이야. 의료인이 되기 위해서는 생명 · 의학에 대한 관심, 인내심, 배려심, 책임감, 성실함, 희생 정신, 봉사 정신 등을 갖추어야 해.

'돈을 많이 벌 수 있어서', '취직이 잘되니까' 등의 이유로 의료인이 되려고 생각했다면 독서를 통해 의료인으로서의 사명감을 가슴 가득 품어 보길 바라. 또 이 분야는 공부를 잘해야 선택할 수 있는 전공도 많아. 그러니 성적에 따른 여러 가지 대안도 미리 생각해 보자.

꼭 의사, 약사, 간호사만 의료인이 아니야. 의학이나 약학을 공부했더라도 어떤 사람은 의사나 약사가 되어 환자를 만나는 일을 하지만 어떤 사람은 의료 분야를 연구할 수도 있고 신약을 개발할 수도 있어. 의학 전문 기자가 된 사람도 있고 법의학 전문 변호사가 된 사람도 있어.

의약 계열 전공 학과

• 간호학과 • 물리치료학과 • 방사선학과 • 보건관리학과 • 보건행정학과 • 약학과 • 언어치료학과 • 응급구조학과 • 의료공학과 • 의무행정과 • 의학과 • 임상병리학과 • 작업치료학과 • 재활학과 • 제약학과 • 치기공학과 • 치위생학과 • 치의예과 • 한약학과 • 한의학과

근무하는 곳에 따라 분류한 대표 직업

-병원 : •의사 •간호사 •물리 치료사 •방사선사 •의료 관광 코디네이
  터 •작업 치료사

-치과 병원 : •치과 의사 •간호사 •치과 기공사 •치위생사

-한의원 : •한의사 •간호사

-약국 : •약사

-연구소 : •신약 개발 연구원 •임상병리사 •전자 의료기기 개발 기술자

-학교 : •보건 교사

　이러한 직업 중에서 연구직을 제외한 대부분의 직업은 다음 체크 리스트
에서 높은 점수가 나올 수 있도록 진로 독서로 의약계 직업을 가지기 위한
마인드를 키워 보자.

　의약학과 관련된 꿈을 가진 사람에게 추천하는 진로 독서 활동으로 우선
해야 할 것은 내가 하고 싶은 일에 대한 정확한 이해를 도와주는 독서를 통
해 현장에 대한 이해도를 높이는 거야.

질문	매우 그렇다	보통이다	아니다
봉사 정신이 강하다.			
아픈 사람에게 도움이 되고 싶다.			
배려심이 있다.			
인내심이 있다.			
생물, 화학 공부를 좋아한다.			
다른 사람의 마음을 존중한다.			

두 번째로는 의료인의 가치관을 명확히 가질 수 있는 독서를 하는 방법이야. 또 관련 분야 공부를 깊이 할 수 있는 독서도 필요하겠지?

의약학 관련 도서

『신비한 인체로 떠나는 여행』 편집부, 지식여행, 2014 ★

『야매상담(이 땅의 청춘들에게)』 오선화(동화 작가) 홍성사, 2015 ★★

『인간의 오랜 친구 미생물 이야기』 외르크 블레히, 웅진주니어, 2007 ★★

『신약개발의 비밀을 알고 싶니?』 김선, 비룡소, 2013 ★★

『해부하다 생긴 일 : 만화 그리는 해부학 교수의 별나고 재미있는 해부학 이야기』 정민석, 김영사, 2015 ★★

『아주 특별한 생물학 수업』 장수철 · 이재성 공저, 휴머니스트, 2015 ★★★

『당신을 초대한 삶에 충실하라』 서정명, 함께북스, 2012 ★★★

『의대를 꿈꾸는 대한민국의 천재들』 이종훈, 한언, 2015 ★★★

『나는 외과의사다』 강구정, 사이언스북스, 2003 ★★★

『의학사의 터닝 포인트 24』 로버트 E. 애들러, 아침이슬, 2007 ★★★

『육일약국 갑시다』 김성오 21세기북스, 2013 ★★★

『나는 의사다』 셔윈 B. 눌랜드, 세종서적, 2011 ★★★

『법의학, 진실을 부검하다 : 40년 관록의 법의학자가 말하는 법의학 현장의 진실』 오시다 시게미, 바다출판사, 2015 ★★★★

『환자의 마음 : 뇌과학으로 풀어본 의사-환자 관계의 신비』 파브리지오 베네데티, 청년의사, 2013 ★★★★

『의학 오디세이』 앤 루니, 돋을새김, 2014 ★★★★

『MT 약학』 대한 약학회, 장서가, 2011 ★★★★

한번 해 볼까?

◎ 의료인 진로 독후 활동

도서명	『장기려 우리 곁에 살다 간 성자』 김은식, 봉나무, 2006 ★
독후 활동	−장기려 박사가 중요하게 생각한 가치 정리하기 −나는 어떤 의사가 될까? −나눔과 배려 경험과 느낌 써 보기
체험 활동	영화 감상 〈울지마 톤즈〉 : 톤즈 청소년의 그 뒤 모습 조사하기

도서명	『세상을 고친 의사들』 고영하, 푸른나무, 2009 ★★
독후 활동	−환자를 진료하는 내 모습 상상해 보기 −의료 봉사를 한다면 어떤 곳에서 하고 싶은지 계획 세우기 −의사가 되는 과정 조사하기
체험 활동	대학 병원 탐방 : 병원 내 시설 목록 작성하기

도서명	『기적은 당신 안에 있습니다』 이승복, 황금나침반, 2009 ★★
독후 활동	−응급의료센터의 기능과 필요성에 대한 논설문 쓰기 −현재 자신의 가장 큰 어려움 과 현실적인 극복 방안 써 보기 −의사의 소명 의식 −논설문 쓰기
체험 활동	−의사 직업 인터뷰 −의료 기관에서 봉사 활동 계획과 실행하기

도서명	
독후 활동	
체험 활동	

◎ 『간호사라서 다행이야』 김리연, 원더박스, 2015를 읽고 - 중2 박인아

누군가 '간호사'라는 직업에 대해 서술하라고 하면 누구나 다른 답이 나올 것이다. 누구는 의사를 보조하는 직업, 누구는 주사를 놓는 직업 등 경험에 따라 다르다. 나 또한 간호사를 중요한 직업이라고 생각해 본 적이 없었다. 그냥 의사 뒤를 따라다니며 차트에 기록을 하고, 주사를 놓는 그런 직업으로 알고 있었다. 하지만 내 지식은 이 책을 읽고 난 후에 단 하나의 흔적도 없이 소멸했다. 소설가도 아니고 간호사가 직업인 사람과 친분이 있는 사람도 아니고 직접 간호사를 경험해 보았던 사람의 책이어서 그랬을까? 모든 내용 하나하나가 머릿속에 그려지기 시작했다. 모든 것이 생생했다.

하지만 무엇보다 기억에 남은 것은 이 책의 주인공, 김리연 간호사였다. 김리연은 남들이 서울의 전문대에 갈 때 제주도의 전문대에 가서 규모가 대단한 삼성병원에 합격했고, 영어도 무지 잘했다. 하지만 그 사실에 자만하지 않고 자기 실력을 더더욱 키워 나가려고 노력했다. 모델 선발 대회에서 춤으로 결승에 오를 만큼 춤에 재능이 있었고, 블로그도 운영하였으며 운동도 꾸준히 하였다. 나와는 다르게 꾸준히 노력하고 밝고 쾌활하고 재능 있는 김리연 간호사를 본받고 싶다는 생각도 했다.

그러나 가장 인상 깊었던 것은 서울에 있는 대학이 아닌 제주도에 있는 지방 전문대에서 삼성병원으로 취업했다는 것이었다. 누군가는 우연으로 생각할 수 있다. 누군가는 행운으로…. 그러나 내가 보기에는 운도 우연도 아닌 노력이었던 것 같다. 모든 것에 적극적인 김리연은 간호사 신규 생활이 어땠을까?

삼성병원에 새로 들어간 그날, 김리연은 1지망, 2지망, 3지망도 아닌 이비인후과에 간호사로 합격했다. 뭔가 억울한 마음에 울음을 터뜨렸지만 결국 '인생은 원하는

대로만 되는 게 아니야.'라고 생각하며 최선을 다해 보기로 다짐했다. 신입으로 들어가고 얼마 지나지 않아 김리연은 수간호사와 면담을 하게 되었다. 면담 도중에 자기만 묻는 말에 대답을 하는 것 같아 질문을 던졌다. "과장님은 이비인후과에 오래 계셨어요?"

하지만 김리연은 무뚝뚝한 말투 때문에 '개념 없는 신규'로 미운털이 박혔다. 물론 다른 간호사들의 행동을 자신과 비교하면서 자신이 무뚝뚝함을 느낀 적도 있었다. 점심을 먹을 땐 선배의 불호령이 삐삐와 블랙베리로 떨어지면 호출이 끝나기 무섭게 별관으로 돌아가야 했다. 일을 제대로 못하면 선배에게 미운털이 박힐까 조마조마했다.

몇 가지 상세한 것만 빼면 병원 생활은 학교생활과 미세하게 비슷하다.

그러나 김리연은 선배 간호사들에게 '미움' 받는 신입의 입장을 무엇보다 잘 알기 때문에 자신은 그런 선배가 되지 않겠다고 속으로 다짐했다.

나도 신입이 들어오면 부려먹을 준비부터 하는 선배들이 불공평하다는 생각이 들었다. 나이 또한 어리지만 아직 병동에 대해 잘 알지 못하는 그런 신입들을 자기 부하로 삼는 것도 말이 안 된다. 호출 벨이 울려도 편하게 밥을 먹는 선배들과는 달리 호출 벨이 울렸을 때 신입이 편안하게 밥을 먹으면 선배들에게 또 한 번 불호령이 떨어진다. 신입들만 부당한 대우를 받아야 하나… 이 책을 읽으며 속이 부글부글 끓기도 했다.

김리연은 코미디 프로그램에서 간호사를 이용하는 것까진 아무 상관을 하지 않는다고 한다. 그러나 요즈음 의학 드라마처럼 의사 뒤를 졸졸 따라다니는 간호사 콘셉트는 좋아하지 않는다. 나도 그렇게 생각한다. 우리나라 의학 드라마에서는 간호사가 대활약을 하는 것을 보지 못했다. 항상 의사만 주연이며 간호사는 조연이 되어야 할까? 김리연의 말대로 영웅처럼 멋진 간호사가 나오는 드라마가 우리나라에서 나왔으면 좋겠다!

세상에 김리연같은 사람은 드물다. 꿈이 여러 개이고, 그 뒤로 점점 탄생시키고 싶은 그런 사람! 많은 사람이 장래 희망이 뭐냐고 물으면 의사, 선생님, 작가 등 특정 직업을 얘기할 것이다. 물론 내 추측이지만, 이미 직업을 가지고 있는 김리연에게 장래 희망이 뭐냐고 물으면 줄줄이 꿈이 나올 것 같다. 꿈 많은 신입 간호사니까!

하지만, 그는 더 이상 신입이 아니다. 지방 전문대에서 '루저'라는 한국 사회의 꼬리표를 달고 뉴욕에 가서 간호사로 일한다. 아픈 환자를 보고 눈물을 쏟기도 하고, 아이들과 잘 놀아 주며 환자 한 명 한 명에게 정성을 다한다. 가끔씩 늙은 환자들을 보면 할머니, 할아버지가 생각나서 잘 대해 주는 그런 김리연 간호사처럼 '내가 열정적인 사람으로 바뀌면 어떨까?' 하고 다짐을 하게 된 책이다. 단순히 형식적인 그런 다짐이 아니다. 난 김리연을 본받고 싶다. 아니, 본받을 것이다. 욕심일까? 그래도 좋다!

공학자가 되고 싶다

공학이란 공업 생산 기술을 자연과학적 방법과 성과에 따라서 개발하고 실천하는 응용과학이야. 공학자란 공학의 일에 자연과학적인 지식과 기술적인 지식을 가지고 과학자와 기술자 사이에 매개체가 되는 사람을 말해.

공학자는 기술, 수학, 과학 지식을 사용하여 실용적인 문제를 해결하는 일을 하게 될 거야. 공학 분야는 그 안에서 또 여러 가지 세부 전공으로 나누어지고 계열마다 저마다의 독특한 분야로 나누어지기 때문에 좀 더 깊이 있는 탐색이 필요한 분야라고 할 수 있어.

공학 계열 전공 학과

•건축공학과 •건축학과 •게임공학과 •광학공학과 •교통공학과 •국방시스템공학과 •금속공학과 •기계공학과 •도시공학과 •로봇공학과 •멀티미디어공학과 •메카트로닉스공학과 •물류시스템공학과 •반도체공학과 •산업공학과 •생명공학과 •섬유공학과 •세라믹공학과 •소방안전공학과 •소프트웨어공학과 •안경광학과 •신소재공학과 •운동처방학과 •에너지공학과 •원자력공학과 •자동차공학과 •재료공학과 •전기공학과 •전자공학과 •정보보호학과 •정보통신공학과 •제어계측공학과 •조경학과 •조선해양공학과 •컴퓨터공학과 •토목공학과 •항공우주공학과 •항공운항학과 •화장품과학과 •화학공학과 •환경공학과

세부 탐색 예시

-나는 환경, 에너지 분야에 관심이 많다 :

• 에너지 시험원 • 에너지 공학 기술자 • 에너지 진단 전문가 • 원자력공학 기술자

-나는 기계, 자동차, 항공, 배, 교통에 관심이 많다 :

• 기계공학 시험원 • 발전설비 기술자 • 발전장치 조작원 • 산업 전공 • 송배전 설비 기술자 • 영상 및 관련 장비 설치 및 수리원 • 전기 및 전자 설비 조작원 • 전기 · 전자 시험원

한번 해 볼까?

◎ 중학생 추천 도서

『경복궁 마루 밑』 심상우, 대교출판, 2007 ★★

『수학귀신』 엔젠스베르거, 비룡소, 1997 ★★

『좁쌀 한 알에도 우주가 담겨 있단다』 김선미, 우리교육, 2008 ★★

『최열 아저씨의 지구촌 환경 이야기』 최열, 청년사, 2014 ★★

『적정기술이란 무엇인가』 김정태, 홍성욱, 살림, 2011 ★★★

『국경 없는 과학 기술자들』 이경선, 뜨인돌, 2013 ★★★

도서명	『별아저씨가 들려주는 별이야기』 이한주 진선출판사 1999 ★★
독후 활동	-내가 좋아하는 별자리 소개하는 글쓰기 -우주와 관계있는 직업 목록 만들기 -한국천문연구원 홈페이지 탐색
체험 활동	천문대 : 체험 프로그램, 캠프

도서명	『지퍼에서 자동차까지』 사론 로즈, 닐 슬라거, 민음인, 2010 ★★
독후 활동	-에디슨에게 배울점 정리 -세계에서 가장 위대한 발명품 한 가지와 이유 -내가 발명하고 싶은 것 한 가지와 이유
체험 활동	참소리 에디슨 박물관 견학 : 가장 마음에 드는 발명품 목록 작성

도서명	
독후 활동	
체험 활동	

◎ 고등학생 추천 도서

『공학이란 무엇인가 : 카이스트 교수들이 이야기하는 공학의 현재와 미래』

성풍현, 살림Friends, 2013 ★★★

『컴퓨터과학이 여는 세계 : 세상을 바꾼 컴퓨터, 소프트웨어의 원천 아이디어 그리고 미래』이광근, 인사이트, 2015 ★★★

도서명	『제가 살고 싶은 집은』이일훈, 송승훈, 서해문집, 2012 ★★
독후 활동	−내가 살고 싶은 집 설계하고 스케치하기 −부모님의 요구를 반영한 집 구조도 그려 보기 −아파트와 주택의 장단점 정리해 보기
체험 활동	−우리 지역의 아름다운 건축물 자료 수집 : 사진, 건축 재료 및 건축 공법 정리 −참고 자료 : 월간지 『전원주택 라이프』, 『건축문화』

도서명	
독후 활동	
체험 활동	

도서명	
독후 활동	
체험 활동	

전기, 전자, 정보통신, 컴퓨터 분야

전기, 전자, 정보통신, 컴퓨터 분야 직업은 변화하는 시대에 유망 직업으로 떠오르고 있어. 하지만 아직 학교 교과에 반영되지 않아서 오히려 정보가 부족한 현실이지. 독서와 탐색을 좀 더 적극적으로 해 봐야 해!

관련 직업

• 어플리케이션 개발 전문가 • 반도체공학 기술자 • 반도체 장비 기술자 • 전기 제품 개발 기술자 • 전자 제품 개발 기술자 • 컴퓨터 하드웨어 기술자 • 가상현실 전문가 • 게임 프로그래머 • 어플 개발자 • 소프트웨어 개발자 • 웹 마스터 • 웹 프로그래머 • 응용 소프트웨어 개발자 • 컴퓨터 프로그래머 • 네트워크 관리자 • 데이터베이스 개발자 • 모바일 콘텐츠 개발자 • 사이버 수사 요원 • 네트워크 프로그래머 • 데이터베이스 개발자 • 웹 마스터 • 웹 프로그래머 • 정보 시스템 운영자 • 컴퓨터시스템 감리 전문가 • IT 컨설턴트 • 사이버 보안 전문 장교 • 정보 보안 전문가 • 정보보안 컨설턴트 • 정보 시스템 감리사 • 정보 시스템 운영자 • 컴퓨터 보안 서비스 종사자

관련 도서

『컴퓨터공학 미리보기』 고경희, 길벗스쿨, 2013 ★★

『물리학자는 영화에서 과학을 본다 (정재승의 시네마 사이언스)』 정재승, 어크로스, 2012 ★★

『컴퓨터를 활용한 식품공학』 R. Paul Singh, Ferruh Erdogdh, 수학사, 2013 ★★★★

『MT 컴퓨터 공학』 노병희, 예홍진 외 1명, 장서가, 2012 ★★★★

자연과 동물을 사랑하고 함께하고 싶다

어릴 때 과학에 관심이 많은 아이에게 꿈이 무엇이냐고 물으면 "과학자."라고 대답하지. 과학자는 그 분야가 정말 넓고 다양해. 책을 통해 자신이 관심 있는 학문에 대한 확신을 가져 봐.

자연과학 계열 전공 학과

• (애완)동물학과 • 농업경제학과 • 대기과학과 • 물리학과 • 산림학과 • 생명과학과 • 생물학과 • 소비자학과 • 수의학과 • 수학과 • 식품공학과 • 식품과학과 • 식품영양학과 • 식품조리과 • 아동가족학과 • 원예학과 • 의류학과 • 자원학과 • 제과제빵과 • 주거환경학과 • 지적학과 • 지질학과 • 천문우주학과 • 축산학과 • 통계학과 • 해양생산학과 • 화학과 • 환경과학과

한번 해 볼까?

◎ 중학생 추천 도서

『김태정 선생님이 들려주는 우리 꽃 이야기』 김태정, 랜덤하우스, 2008 ★

『동물과 대화하는 아이 티피』 티피 드그레, 이레, 2001 ★

『밥상에 오른 과학』 이성규, 봄나무, 2007 ★★

『조선 과학 왕조 실록』 정완상, 이치, 2008 ★★★

『과학해서 행복한 사람들』 APCTP, 사이언스북스, 2014 ★★★

『프랑켄슈타인』 메릴 셸리, 문학동네, 2012 ★★★

도서명	『전염병을 물리친 과학자 빠스뜨르』 서홍관 창작과 비평사, 1998 ★
독후 활동	−과학자의 자질과 나의 성격 −전염병의 원인과 예방접종의 원리 설명문 쓰기 −개인의 성공이 아닌 세상을 돕는 과학자의 자세
체험 활동	보건소 방문 : 예방 접종의 종류 알아보기

도서명	『미생물 이야기』 아서 콘버그, 톡, 2009 ★★★
독후 활동	−미생물이란? −세균과 바이러스 조사하기 −착한 미생물과 나쁜 미생물 조사하기 −백신과 항생물질 조사하기
체험 활동	체험 프로그램 참가 : 친환경 EM 세제 만들기

도서명	
독후 활동	
체험 활동	

◎ 고등학생 추천 도서

『과학이 열리는 책 읽기』 전국과학교사모임 우리교육 2012 ★★

『흙에도 못생명이』 권오길 지성사 2009 ★★★

도서명	『최재천의 인간과 동물』 최재천, 궁리, 2007 ★★★
독후 활동	−개미들의 의사소통 방법 조사하기 −동물들의 생활에서 배울 점 써보기
체험 활동	동물원 관람 : 동물원 속 동물들의 삶에 대한 에세이

도서명	『과학을 배반하는 과학』 에른스트 페터 피셔, 해나무, 2009 ★★★
독후 활동	−내가 잘못 알고 있던 과학적 오류 목록 쓰고 수정하기 −빛의 색깔과 에너지의 관계 정리해 보기 −신체적인 생이 반응과 감정의 관계에 대한 자신의 생각 정리
체험 활동	과학 관련 유망 대학교 탐방 : 관심 학과와 교과목 탐색

◎ 동물과 함께하는 사람들의 이야기

『애니멀 커뮤니케이션 : 인간과 동물의 행복한 공존을 위한 교감』 캐롤 거니, 아카데미
북, 2012 ★★

『동물과 이야기하는 여자 : 애니멀 커뮤니케이터 리디아 히비』 리디아 히비 · 보니 웨인트
럽, 책공장더불어, 2006 ★★

『치료견 치로리 : 가혹한 운명을 헤치고 살아남은 개가 전하는 기적의 이야기』

오키 토오루, 책공장더불어, 2012 ★★

◎ 『수학자들』 김민형, 마이클 아티야 외, 2014 을 읽고 - 중3 민홍기

현대 사회와 수학자, 어쩌면 모순된다고도 볼 수 있는 두 집단이다. 빠르게 세분화되고 심오해지면서 오히려 그 기본이 되는 수학 같은 고전적인 학문은 배우기 쉬워졌다. 또, 이미 오래되어 새로운 걸 발견하기 힘들기도 하고 실용성이나 경제성이 떨어지는 등의 이유로 순수 수학은 인기를 잃어 가고 있다.

그럼에도 꿋꿋이 자리를 지키며 수천 년이나 된 수학의 긍지를 이어받는 외로운 수학자들이 있다. 그리고 그 수학자들은 이 책을 통해 사회가 변화하더라도 불변할 학문에 대한 태도와 본질을 전하고 있다.

책을 읽는 동안 전적으로 동의한 구절 중 특히 인상에 남는 구절이 2군데가 있다. 수학에 대한 잘못된 인식을 가진 많은 현대인에게 한 번쯤 읽혀 볼 만한 것들이다.

그 중 첫 번째는 수학에서는 독창적 아이디어의 '사생활'은 거의 엿볼 수 없다. 수학자들이 알아내는 것은 결국 정의와 증명이라는 형식을 갖춘 그들의 '공적인 생활'뿐이다. 이러한 상황은 수학 교육에 막대한 결과를 초래하는 왜곡을 불러일으킨다. 수학적 아이디어는 이중생활을 하는데, '공적 생활'만 존재한다고 생각할 수 있기 때문이다.

리스본대학의 파울루 알메이다가 책에 남긴 말인데, 나 또한 교육받는 입장이어서 그런지 이 구절을 읽자마자 뇌가 탁 깨이며 원통함에 눈물이 나오려 했다. 우리가 수학 문제를 풀 때와 마찬가지로 수학자들도 훨씬 많은 고민을 하고 아이디어를 내며 천천히 맞춰져 가는 수학이라는 퍼즐에 재미와 경의와 감동을 겪었을 것이다. 하지만 현대의 표준화된 교육법에서, 그들의 인간적인 사생활은 알지 못하고 공식화된 수학만을 배우고 있다. 막연하게 다가오는 공적인 수학은 누구에게나 딱딱하

고 어렵고 부담스러우며, 이러한 과정을 거치면 모든 학생에게 수학은 가깝고도 먼 것이며 자신에게 필요 없는 것이 되어 버린다.

단지 수학뿐만이 아니다. 정보화 시대에 진입하며 모든 정보가 가공되어 손쉽게 전해지고 소비되는 동안 지식이나 지혜를 경시하면서 단순하게 누군가의 생산물을 소비하는 것밖에 모르도록 사람들이 변화하고 있다.

다행히도 최근에 기존의 편리주의적 방식에서 벗어나 다시 느리고 고통스럽지만 인간의 본질적인 감정과 가치를 추구하는 경향이 늘어나고 있는 만큼, 수학의 르네상스 또한 일어나길 기대할 수 있다. 그리고 그 초석을 닦기 위해 책은 우리에게 질문을 던졌다.

또 하나는, '구조와 진리의 세계에서 수학자는 씨앗을 만든다. 하지만 그는 꽃을 느낀다.'이다. 어쩌면 서로 비슷한 의미를 가지고 있다. 표준화된 수학은 표준화된 사고를 만들어 냈고, 우리는 의식의 깊은 곳에 있는 본질적이고 무의식적인 세계를 경험하지 못한다. 기억을 넘어선 영감과 창조의 공간으로 존재하는 많은 공식들이 다 이곳을 거쳐 갔음에도 불구하고 말이다. 그 본질의 공간에 발을 들이고 감탄할 수 있다면, 수학뿐만 아니라 다른 어떤 것을 받아들일 때도 더 깊은 초점에서 그것을 이해하며 자신이 해 나가야 할 방향성을 찾을 수 있을 것이다.

수학을 잘하는 데는 분명 많은 방법이 있을 것이다. 하지만 그 방법들이 추구하는 실용성과는 달리 느리지만, 수학이라는 본질에 다가갈 수 있는 기회를 이 책은 전달하려 한다. 그리고 나는 이 기회를 받음에 감사하고, 감탄하며 숙연해진다.

242

◎ 『세바퀴로 가는 과학 자전거』 강양구, 뿌리와이파리, 2010 를 읽고

- 중2 김영준

  나는 과학을 좋아한다, 그래서 매년 열리는 과학 행사는 거의 참여한다. 학교에서도 과학 실험을 하는 날엔 적극적으로 참여했고 그런 날이면 며칠 전부터 준비물을 챙기며 가슴이 설레기도 했다.

  평소 위인전 읽기를 좋아하는데 위인전은 훌륭한 위인의 업적을 기리고 나 같은 어린이나 청소년들에게 꿈과 희망을 주는 좋은 본보기를 보여 주는 내용이 많기 때문이다, 특히 나는 과학자들에 관한 위인전을 즐겨 보는데 '라이트 형제'가 아주 인상 깊었다. 그들은 첨단 과학이 발달한 지금 생각해도 마냥 어려울 것만 같은 비행기를 직접 만들고 비행에 성공한 이야기로 아주 유명하다.

  그런데 라이트 형제는 원래 인쇄기나 자전거 만들기에 관심이 많았다가 나중에 비행기를 만들었다고 한다. 이들처럼 한 가지씩 작은 것에서부터 큰 것으로 자신들의 꿈을 하나씩 이뤄 나갈 수 있었다는 점이 아주 대단하다는 생각이 든다.

  그래서 나도 학교에서 열리는 모형 항공기 대회에서 고무 동력기를 만들어 내가 만든 고무 동력기가 하늘을 날 때 마치 내가 직접 날아가는 듯 신나고 뿌듯한 기분이 들었다. 그래서 사실 처음 이 책을 고를 때 내용보다는 표지 제목만 보고 선뜻 고르게 되었다.

  나는 '과학 자전거'라고 해서 라이트 형제 이야기가 나올 거라 확신하면서 책을 읽기 시작한 것이다.

  그런데 이 책은 내가 생각했던 라이트 형제에 관한 자전거 이야기가 아닌 최근에 뉴스나 신문에서 보고 듣던 시사적이고 어려운 이야기가 많았다. 아직 초등학교 6학년인 내가 읽기엔 너무 어려운 내용이 아닌가 싶어 책을 잘못 골랐나 보다 생각했는데 실제로 소단원씩 작은 제목으로 이어지는 이야기들은 너무나 흥미진진했다.

많은 이야기 중에 몇 가지 인상적인 내용이 기억에 남는데 특히, 어느 박사의 허위 줄기세포 연구에 대한 충격적인 사실은 진위를 가리기 위해 자주 뉴스에 거론되던 당시 상황들을 떠올리게 했고, 나 역시 어리지만 대한민국 국민 중의 한 사람으로 다시는 우리나라의 과학자나 세계 어느 곳의 과학자라도 성급한 연구 결과나 실적에 급급해서 인류를 절망의 늪으로 몰아넣는 거짓된 사실이나 연구를 해서는 안 된다는 생각이 들었다.

제2차 세계대전 때 만들어진 무시무시한 핵폭탄에 관한 이야기는 미국, 러시아, 일본, 영국, 독일, 등 세계 강대국들에 이어 북한이 계속 핵실험을 강행함으로써 그런 일이 일어나서는 안 되겠지만 우리 한반도뿐이 아니라 전 세계가 아예 흔적조차 없어질 위기가 생기지는 않을까 하는 소름 끼치는 무서운 생각을 하게 했다.

또 광우병이나 조류 인플루엔자 등의 전염성 질병은 이 책을 보기 전까지만 해도 TV에서나 볼 수 있는 하나의 뉴스거리 정도로만 생각했다. 하지만, 실제로 인간 광우병 환자의 출현은 에이즈나 흑사병보다 무서운 질병으로 서서히 우리 인류의 멸망을 가져올 수도 있는 무서운 병이구나 하는 생각에 정말이지 손에 땀을 쥐게 하는 긴박감까지 들게 했다.

최근 들어 지구 온난화로 인해 기후가 변하면서 기온이 높은 지역이 아닌 곳까지 말라리아를 불러온다거나 해수면이 상승한다거나 우리 인간의 힘으로는 어떻게 할 수 없는 무시무시한 자연 재해는 앞으로 우리 인간들이 책임지고 해결해야 할 영원한 숙제로 남을 것이다.

내가 살고 있는 경주는 봄이면 벚꽃놀이로 관광객이 많이 찾고 있는데 지난 주말 같은 경우 토요일엔 아침부터 온 세상이 암흑에 갇힌 것처럼 천둥, 번개가 치고 비가 억수같이 쏟아지더니 일요일엔 전국적인 황사 때문에 외출은커녕 창문을 맘 놓고 열어 놓을 수도 없었다. 여러 가지 자연계의 변화나 환경오염 등 바로 현재 우리

244

눈앞에서 벌어지고 있는 이런 일들이 앞으로 일어날 우리의 미래이기에 어린 나도 우리 사회의 일원으로 심각한 환경오염에 대해 한참을 생각하게 만들었다.

현대 과학 기술은 눈부신 발전을 거듭하고 있다. 과거나 현재에 우리가 상상하는 많은 일들이 언젠가는 현실로 나타나게 된다. 다 과학 기술 덕분이라고 생각한다.

그런데 우리가 생활을 윤택하게 하고 세상을 살리려 하는 과학 기술이 우리를 오히려 죽이려 드는 것이라면 우리가 왜 과학 기술을 발전시키고 또 과학자가 되어 무엇을 하겠는가? 이 글을 쓰신 강양구 기자님 말씀처럼 나도 인류가 아무리 과학 기술을 발전시켜도 그것이 사람에게 이롭게 쓰이지 않는다면 아무 소용이 없다고 생각한다. '과학 기술을 어떻게 더 빨리 발전시킬 것인가'보다 '누구를 위한, 무엇을 위한 과학 기술을 발전시킬 것인가'에 중심을 두고 우리 모두가 과학 만능 주의에 빠져서는 안 된다고 생각한다.

이 책을 읽으면서 나의 작은 바람이 있다면 이 세상의 모든 과학자들이 아인슈타인이나 퀴리 부인처럼 위대한 과학 기술을 발명하는 것이 중요한 것이 아니라 이 분들처럼 순수한 열정으로 양심적인 과학자가 된다면 우리의 미래는 앞으로도 희망적일 것이란 생각이 든다. 또 과학자나 과학책 역시 지식만 전달하는 것이 아니라 과학자가 되고 싶은 아이들과 무언가를 찾고 함께 고민하며 실천할 수 있도록 도와줘야 한다. 그래야 우리 어린이나 청소년들은 차세대 과학자로써 미래를 짊어지고 어떻게 목소리를 내는 것이 얼마나 중요한 일인지 알며 고민하고 노력할 것이다.

'세 바퀴로 가는 과학 자전거'의 세 바퀴는 과학, 기술, 사회 세 가지를 이른다. 이 세 가지가 조화롭게 제 모양과 제 위치를 찾아갈 때 우리는 밝은 미래를 가질 수 있을 것이고 나와 같이 과학자를 꿈꾸는 또래의 친구들은 모든 사람의 '희망'이 되기 위해 고민하고 노력하며 실천할 것이다.

예체능 관련 직업과
독서 활동

움직이는 삶, 인생은 아름다워~

예체능 전공 학과

•경호학과 •공예학과 •관현악과 •국악과 •기악과 •동양화과 •레저
스포츠학과 •무용학과 •방송연예과 •방송영상학과 •뷰티아트과 •마
술학과 •사진학과 •사회체육학과 •산업디자인학과 •뮤지컬과 •서양
화과 •성악과 •시각디자인학과 •실내디자인학과 •실용음악학과 •애
니메이션학과 •연극영화학과 •운동처방학과 •음악학과 •음향제작과
•작곡과 •조소과 •체육학과 •패션디자인학과 •피아노과 •회화과

방송, 영상, 미디어 등 세상과 소통하는 일을 하고 싶다

요즈음 케이블 TV 방송국과 프로그램이 많아지면서 예전보다 훨씬 다양한 방송 프로그램을 볼 수 있게 되었어.

방송을 보면 아나운서, MC, 연예인 등 눈에 띄는 직업들이 나오지? 하지만 하나의 방송 작품을 볼 수 있기까지는 다양한 직업을 가진 사람들이 힘을 합친 노력이 필요해.

방송에 관심 있는 학생이라면 평소에 TV 프로그램을 볼 때 '이 프로그램을 어떻게 개선하면 시청률이 올라갈 텐데…' '나는 어떠어떠한 프로그램을 만들고 싶다.'는 생각을 해 본 적이 있을 거야.

이렇게 미디어를 통해 세상과 소통을 하고 싶다는 생각을 가진 학생이라면 어떤 분야에 관심이 있는지 어떤 직업을 가지고 싶은지 찬찬히 생각해 보자.

먼저 방송, 영화, 광고, 신문, 출판 분야로 나누고 관련 직업이 어떤 것이 있는지 알아보자.

분야별 관련 직업

-방송, 영화 : •방송 작가 •방송 기자 •무대 및 세트 디자이너 •방송 연출가 •방송 기술 감독 •배우 •아나운서 •성우 •쇼핑 호스트 •리포터 •기상 캐스터 •촬영 기자 •촬영 기사 •음향 및 녹음 기사 •영상·녹화 및 편집 기사 •조명 기사 •연예인 매니저 •무대 의상 관리자 •영화감독 •영화 PD •특수효과 기술자

-광고 : •CF 감독 •카피라이터 •광고 디자이너

-신문, 출판 : •기자 •출판물 기획자 •출판물 편집자 •작가 •번역가 •잡지 기자 •편집 기자 •북 디자이너 •일러스트레이터

이러한 직업 중에서 마음에 드는 직업을 정하지 못했다면 나의 재능을 돌아보고 다시 한 번 찾아보자. 치열한 방송계는 노력도 많이 필요하지만 타고난 감각도 필요한 분야이기 때문이야.

나의 재능

-나는 말을 잘한다 : •아나운서 •리포터 •기상 캐스터 •성우 •배우 •쇼핑 호스트

-나는 리더십이 있고 총괄 책임을 지는 일이 좋다 : •방송 연출가 •영화 감독 •영화 PD •CF 감독 •출판물 기획자

-나는 예술적으로 감각적이다 : •무대 디자이너 •촬영 기사 •음향 기사 •영상 편집 기사 •조명 기사 •영화감독 •광고 디자이너 •북 디자이너 •일러스트레이터

-나는 글을 잘 쓴다 : •방송 작가 •방송 기자 •카피라이터 •신문 기자 •작가 •번역가 •잡지 기자 •편집 기자

내가 하고 싶은 일이나 분야가 정리되었다면 하고 싶은 분야의 직업과 관련된 도서부터 검색해 보고, 어떤 능력을 키우는 것이 좋을지 독후 활동으로 찾아보자.

PD가 되고 싶은 학생을 예를 들어 보면, 먼저 PD가 하는 일을 탐색해 보자. PD는 방송 프로그램을 기획하고 제작하는 일을 해.

좀 더 자세히 살펴보면 시나리오 작가를 선정하여 제작될 프로그램의 계

획을 설명하고 완성된 대본을 평가해. 배역, 의상, 무대 배경, 음악, 카메라, 시간 배정 등을 결정하기 위하여 제작진과 협의하고 대본을 조정해. 또 프로그램 출연 대상인물을 섭외하고 장소를 선정하기도 해.

전반적으로는 제작에 참여하는 사람의 활동이나 예산을 조정하고 총괄하는 일을 해. 다음으로 PD에게 필요한 능력은 모니터링, 창의력, 행동 조정 능력, 글쓰기, 시간 관리 능력, 대인 관계 능력, 리더십 등이 필요해.

먼저 PD에 대한 이해를 높이는 진로 독서부터 계획해 봐.

PD 관련 추천 도서

『PD, WHO & HOW』 홍경수 외 36인, 커뮤니케이션북스, 2004 ★★

『확장하는 PD와의 대화』 홍경수, 사람In, 2014 ★★★

『PD가 말하는 PD』 김민식 · 장기오 외, 부키, 2012 ★★★

『세계는 왜 싸우는가』 김영미, 추수밭, 2011 ★★★★

한번 해 볼까? ✏️

도서명	『방송인이 될 테야』 오세경, 여원, 2011 ★
독후 활동	−가장 관심 있는 방송 분야 소개하는 글쓰기 −닮고 싶은 방송인 소개하고 이유 쓰기 −방송인이 된 내 모습 그리기
체험 활동	−방송국 견학 : 방송국 시설과 시설별 주된 업무 조사하기 −공개방송 방청

도서명	『뮤지컬을 꿈꾸다』 정재왈, 아이세움, 2009 ★
독후 활동	−뮤지컬이 급성장한 이유 알아보기 −뮤지컬의 매력과 장점 정리해 보기 −뮤지컬과 전통 마당놀이의 장단점 비교 글 쓰기
체험 활동	−뮤지컬 관람 −동아리 활동 : 뮤지컬 제작, 발표해 보기

도서명	
독후 활동	
체험 활동	

도서명	
독후 활동	
체험 활동	

요리, 음식, 맛과 향에 관심이 많다

'먹방'이라는 방송 프로그램을 본 적 있니? 요리사가 되고 싶은 학생들 중에서는 방송의 영향을 받은 학생도 많아.

예전에 제과제빵사가 주연인 드라마가 방영 중일 때는 제빵왕을 꿈꾸는 학생이 많았어. TV에서 보는 모습이 멋지게 그려졌거든. 그런데 실제로 제과제빵사가 되고 나서 포기하는 사람도 많았어. TV에서는 멋지게 보였지만 막상 해 보니 뜨거운 열과도 싸워야 하고, 오랫동안 서서 근무해야 하는 등 힘든 일이 많았거든.

어떤 직업이든 보이는 모습과 실제 하는 일은 다를 수 있어. 그래서 진로 탐색을 하는 거야. 요리나 음식에 관심이 많다면 직접 요리사처럼 요리해 보고 꿈을 키워 가면 좋겠지만 요리 한번 해 보기 쉽지 않지?

그러면 요리사가 어떤 일을 하는지 현실적으로 알아보고, 요리 전문가로 어느 정도 꿈을 키울 것인지 꿈의 크기를 키우는 데 진로 독서를 활용해 보자.

질문	매우 그렇다	보통이다	아니다
음식을 만드는 일이 즐겁다.			
맛에 민감하다.			
음식을 먹으면 들어간 재료를 안다.			
체력이 좋다.			
힘든 일도 참고 할 수 있다.			
다른 사람을 위해 요리하는 일을 즐긴다.			

다음 중에서 어떤 일을 하고 싶은지 생각해 봐.

맛·음식·요리와 관련된 직업과 분야

-음식을 만드는 일 : •요리사(한식, 일식, 양식, 중식 등) •제과제빵사
-음식이나 테이블을 꾸미는 일 : •푸드스타일리스트 •파티 플래너
-커피나 차와 관련된 일 : •바리스타 •소믈리에 •티 마스터

하고 싶은 분야를 정했으면 그 일을 하는 데 필요한 능력은 무엇인지, 어디에서 어떤 공부를 하는 것이 좋을지, 얼마나 큰 꿈을 키울 수 있는지를 생각해 보자.

1단계 : 꿈에 대한 이해를 돕는 추천 도서

『궁금해요! 요리사가 사는 세상』^{박찬일, 김성효, 창비, 2010 ★}

『요리사 어떻게 되었을까?』^{지재우, 캠퍼스멘토, 2015 ★★}

『제이미 올리버, 즐거운 요리로 세상을 바꿔』^{최현주, 탐, 2014 ★★}

『요리사가 말하는 요리사』^{한영용, 부키, 2006 ★★}

2단계 : 요리 문화, 역사에 대한 이해를 돕는 추천 도서

음식, 먹을거리에 대한 고민, 자기만의 철학을 만들거나 세계 다양한 음식 문화에 대한 이해를 높이는 독서도 필요해.

『세상에 대하여 우리가 더 잘 알아야 할 교양 27 : 음식문맹, 왜 생겨난 걸까?』^{내인생의 책 편집부, 내인생의 책 2012 ★★}

『맛있는 음식이 문화를 만든다고? : 식품학』 ^{김석신, 비룡소, 2015 ★★}

『과학공화국 화학법정 9 : 음식과 화학』 ^{정완상, 자음과 모음, 2008 ★★}

『과자로 맛보는 와삭바삭 프랑스 역사』 ^{이케가미 순이치, 돌베개, 2015 ★★}

『파스타로 맛보는 후룩후룩 이탈리아 역사』 ^{이케가미 순이치, 돌베개, 2015 ★★}

『10대와 통하는 요리 인류사 : 혀로 배우는 인간과 생명의 역사』 ^{권은중, 철수와영} 희, 2014 ★★

『접시에 뉴욕을 담다 : 요리사 김은희의 뉴욕 레스토랑 여행기』 ^{김은희, 그루비주} 얼, 2007 ★★

『올 어바웃 커피 : 전 세계 100만 바리스타의 필독서』 ^{윌리엄 H. 우커스 세상의 아침,} 2012 ★★★

『그림에 차려진 식탁들 : 역사 속의 명화에 담겨진 톡톡 튀는 음식 문화 이 야기』 ^{이여신, 예문당, 2015 ★★★}

3단계 : 꿈을 크게 키우는 추천 도서

작가나 세계와 관련된 책을 읽고 내 꿈을 크게 확장 시켜보자. 우물 안 개 구리가 아닌 전 세계의 최고가 된 자신의 모습을 상상하면서….

『프랑스 정통 디저트 : 파리지앵이 사랑하는 맛과 향을 그대로』 ^{구선아, 경향미디} 어, 2015 ★★★

『쿡쿡 : 누들로드 PD의 세계 최고 요리학교 르 코르동 블뢰 생존기』 ^{이욱정, 문} 학동네, 2012 ★★★

한번 해 볼까?

◎ 요리사 진로 독서 활동 기록장

단계	분야	활동	내가 찾은 답
1	관심 분야 심층 탐색	읽은 책 제목, 작가	
		요리사가 하는 일	
		요리사의 힘든 점	
		요리사의 좋은 점	
		요리사가 되는 길	
2	음식 문화, 역사에 대한 이해	읽은 책 제목, 작가	
		내가 생각하는 음식이란?	
		나는 어떤 음식 문화를 만들고 싶은가?	
		인상 깊은 음식 문화나 역사	
3	꿈 키우기	읽은 책 제목, 작가	
		전국을 사로잡을 나만의 비법	
		세계에서 배우고 싶은 분야	
		세계로 펼치고 싶은 꿈	

◎ 중학생 추천 도서

『해바라기를 사랑한 고흐』 김미진, 파랑새 어린이, 2003 ★

『겁 많은 단비, 연예인 되다』 길해연, 주니어김영사, 2012 ★

『상상력에 엔진을 달아라』 임현우, 나남출판, 2007 ★★

『행복한 고집쟁이들』 박종인, 나무생각, 2010 ★★

254

『패션 역사를 만나다』 정해영, 창비, 2009 ★★

『김연아의 7분 드라마』 김연아, 중앙출판사, 2010 ★★

도서명	『더 큰 나를 위해 나를 버리다』 박지성, 중앙북스, 2010 ★★
독후 활동	−훌륭한 운동 선수가 되기 위해 내가 가진 장점과 단점 쓰고 단점 극복 방법 찾아 보기 −박지성의 리더십에 대한 나의 생각 −꿈을 쓰고 실현 계획 세우기 −프로 운동선수들의 은퇴 후 생활 조사하기
체험 활동	다양한 프로 운동 경기 관람

도서명	『책과 집』 데이미언 톰슨, 오브제, 2011 ★★
독후 활동	−인테리어 디자이너가 되기 위해 갖추어야 할 조건 −책을 활용한 인테리어 팁 정리하기 −집을 꾸밀 때 활용할 수 있는 다양한 소재 찾아보기
체험 활동	책을 활용하여 우리집 꾸미고 사진 찍기

◎ 고등학생 추천 도서

『젊은 목수들 : 한국』 편집부, 프로파간다, 2014 ★★

『미대 나와서 무얼 할까』 박정준, 안그라픽스, 2011 ★★

『미래의 금메달리스트에게』 나디아 코마네치, 미래인, 2008 ★★

『찰리채플린』 미셸 퓌에크, 브리지트 라베, 다섯수레, 2008 ★★★

『소외된 90%를 위한 디자인』 스미소니언 연구소, 에딧더월드, 2010 ★★★

디자인 · 예술 분야 직업과 도서

관련 직업

•제품 디자이너 •자동차 디자이너 •시각 디자이너 •폰트 디자이너 •
패션 디자이너 •일러스트레이터 •메디컬 일러스트레이터 •컬러리스트
•캘리그래퍼 •예술 제본가 •특수분장사 •하우스매니저 •작가 •만화
가 •사진가

관련 도서

『최고의 명품, 최고의 디자이너 (상식으로 꼭 알아야 할)』 명수진, 삼양미디어, 2015 ★★

『디자이너, 직업을 말하다』 마이크 몬테이로, 웹액츄얼리코리아, 2014 ★★

『예술을 뒤바꾼 아이디어 100 (100 Ideas That Changed Art)』 마이클 버드, 시드
포스트, 2014 ★★★

『예술의 섬 나오시마 (아트 프로젝트 예술의 재탄생)』 후쿠타케 소이치로 · 안도 타다오, 마
로니에북스, 2013 ★★★

『디자이너가 일하는 규칙 125』 우노 쇼헤이 · 기타 유키히로 외 3명, 디자인하우스, 2015 ★★★

『작가란 무엇인가 1 (소설가들의 소설가를 인터뷰하다)』 오르한 파묵(소설가) · 움베르토
에코(철학자) 외 10명, 다른, 2014 ★★★★

『예술 수업 (천재들의 빛나는 사유와 감각을 만나는 인문학자의 강의실)』 오종우,
어크로스, 2015 ★★★★

스포츠 · 여행 분야 직업과 도서

관련 직업

• 스포츠 마케터 • 스포츠 에이전트 • 경호원 • 여행 상품 기획자 • 공정 여행 기획자 • 호텔리어 • 항공기 객실 승무원 • 항공기 조종사 • 항공교통 관제사 • 항공기 정비사

관련 도서

『희망을 여행하라 : 공정여행 가이드북-공정여행 이야기』 임영신, 이혜영, 소나무, 2009 ★

『야구장에 출근하는 남자 : 스포츠 캐스터 정우영의 맛있는 야구장 다이어리』 정우영, 한스미디어, 2013 ★★

『나도 호텔리어가 될 수 있다』 권성애, 백산출판사, 2014 ★★

『호텔리어 로랑의 시선』 구유회, 안나푸르나, 2013 ★★

『파일럿의 진로 탐색 비행 : 조종사 항공정비사 항공교통관제사 운항관리사가 되는 길』 최재승, 누벨끌레, 2014 ★★

『스포츠마케팅 쪼개기』 이승용, 북마크, 2013 ★★★

『스포츠 에이전트가 되려면』 장승규, 이상범, 지식닷컴, 2013 ★★★★

제5장

새로운 직업,
앞서가는
독서

미래를 대비하다

유망 직업과 진로 독서

　세계경제포럼이 발표한 '일자리의 미래' 보고서에서는 인공지능·로봇 기술·생명과학 등이 주도하는 4차 산업혁명이 와서 많은 직업이 사라지고 새로운 일자리가 만들어질 거라고 해. 인공지능·로봇공학 등 기술 발전으로 오게 될 4차 산업혁명으로 사물인터넷(IoT), 자율주행 자동차, 3D프린터 등이 상용화되는 시기가 다가오고 있어.

　그렇게 되면 로봇이 사람의 일자리를 대체하는 건 시간문제겠지. 4차 산업혁명으로 인해 일반 사무직을 중심으로 제조·예술·미디어 분야 등에서 710만 개의 일자리가 사라질 수 있다는 신문 기사도 있어. 반면 컴퓨터·수학·건축 관련 일자리는 200만 개가 생길 거래.

기술 혁명으로 인한 급격한 사회·경제적 변화로 직업에 대한 개념이 달라질 거래. 그래서 각 나라에서는 대량 실업 등의 사태를 피하려면 로봇이 대신할 수 있는 단순한 기술을 가르치기보다 창조력과 고도의 문제 해결 능력을 기르는 교육을 해야 한대.

이 정도면 미래 유망 직업이 먼 나라나 아주 오랜 뒤의 이야기는 아니라는 것을 알겠지? 로봇과 일자리를 경쟁해야 하는 직업을 가지고 있으면 서글프지 않을까?

미래에도 살아남는 직업과 꿈을 가지려면 미래 사회의 변화에도 관심을 가져야 해. 우리의 일상에서 필수품이 된 휴대전화의 경우 1990년대 초에는 걸어 다니며 전화를 걸고 문자를 보내는 기능만 있는 전화였어. 20여 년 전 사람들은 지금의 스마트폰을 상상할 수 있었을까? 아마 대부분 사람은 상상조차 못했을 거야. 그 당시에는 인터넷 자체가 보편적이지 않기 때문에 걸어 다니면서 휴대전화로 인터넷을 하는 상상을 하기는 어려웠거든.

너희가 직업을 가질 10여 년 후의 사회나 기술의 발달을 모두 짐작하기는 어렵지만 적어도 어떤 식으로 변화를 할지 생각해 봐야겠지?

사회와 기술의 변화를 느끼기 어렵다면 사라진 예전 직업들을 먼저 떠올려 봐. 전화교환원, 버스 안내양, 타이피스트, 극장 간판 그리는 사람, 얼음 장사 등의 직업은 지금 보기 어려운 직업이지? 그런데 미얀마나 라오스 같은 나라에 가면 우리나라에서는 없어진 전화 교환원이나 버스 티켓 받는 직업이 아직 존재해. 그 나라에도 언젠가 버스를 탈 때 표를 직접 받는 직업 대신 교통카드가 생기겠지? 그러면 버스표 받는 직업 대신 우리나라처럼 교통카드를 만드는 직업이 생기고 시스템을 만드는 직업이 생기겠지?

미얀마나 라오스에 버스 안내원이 사라질 것처럼 우리나라에서는 어떤 직업이 사라지게 될까? 또 어떤 직업들이 생기게 될까?

이쯤에서 생각나는 미래 유망 직업이 있으면 한번 얘기해 볼까? 사회의 변화로 수백 가지 미래 유망 직업이 전망되고 있지만, 실제로 학생들 중에 미래 유망 직업 중에 희망하는 직업이 있다고 얘기하는 경우는 많지 않아. 미래 직업들에 대해 많이 들어 보지 못했고 직업 이름이 낯설기 때문일 거야.

만약 고기를 먹으러 가자고 했다고 생각해 봐. 누군가가 "무슨 고기 먹으러 갈래?"라고 물으면 내가 먹고 싶은 고기 중에서 대답하겠지? 삼겹살, 오리고기, 족발, 소고기, 스테이크 같이 말이야.

그런데 만약 누군가가 말고기나 칠면조 고기처럼 우리가 흔히 먹지 않는 고기를 먹고 싶다고 했다면 이 사람은 왜 그렇게 말했을까? 아마 예전에 먹었던 경험이 있거나 먹는 모습을 보았거나 들어 본 적이 있는 고기여서 먹고 싶다는 생각을 했기 때문일 거야.

직업도 마찬가지야. "무슨 직업을 가지고 싶니?"라고 누가 물었을 때 내가 알고 있는 직업 중에서 마음에 드는 직업을 대답할 거야. 그래서 직업도 선택의 폭을 넓히고 좋은 것을 선택하려면 내가 보고 들은 아는 직업이 많아야 그중에서 마음에 드는 걸 고를 수 있어.

그리고 앞에서 얘기한 것처럼 사회가 급격히 변화하고 있어. 네가 지금 당장 취업하거나 직장을 구할 것은 아니지? 직업을 가지고 돈을 벌 나이는 대부분 고등학교 졸업 후 취업을 하거나 대학을 졸업한 이후니까 앞으로 10년에서 15년 후의 일이야. 그러니 적어도 우리는 그 시대의 모습을 상상하면서 미래를 준비해야 해.

미래 사회를 예상하고 어떤 직업이 필요할지 없어질지 예측해 보는 일이 쉽지는 않기 때문에 우리는 신문, 책 등을 통해 많은 정보를 모아야 해. 미래에 대한 다양한 정보를 이용해서 미래를 예측하는 힘과 상상력을 키워 보자. 내가 알고 있는 직업 외에 더 많은 매력적인 유망 직업이 떠오를 거야.

미래 사회를 이해하는 데 도움이 되는 추천 도서

『미래 직업, 어디까지 아니? 유엔 미래 보고서가 선정한 미래 유망 직업』
박영숙, 고래가 숨쉬는 도서관, 2015 ★

『유엔 미래보고서 2045, 2050』 박영숙, 제롬 글렌, 교보문고, 2016 ★★

『성게 실험에서 복제 양 돌리까지』 샐리 모건, 다섯수레, 2013 ★★

『대한민국 미래 보고서』 국제미래학회, 교보문고, 2015 ★★

『티핑 포인트』 말콤 글래드웰, 21세기북스, 2004 ★★

『DNA 발견에서 유전자변형까지』 존 판던, 다섯수레, 2013 ★★★

『트렌드를 읽는 기술』 헨릭 베일가드, 비즈니스북스, 2008 ★★★

『우리는 마이크로 소사이어티로 간다』 팔란티리 2020, 웅진윙스, 2008 ★★★

『드림 소사이어티』 롤프 옌센, 리드리드출판, 2005 ★★★

『새로운 미래가 온다』 다니엘 핑크, 한국경제신문사, 2012 ★★★★

『자동차와 IT 융합 스마트카 전쟁』 박기혁, 동아엠앤비, 2016 ★★★★

『생물학 명강 1 : 생명 연구의 최전선에서는 어떤 질문을 던지는가』 강문일, 김경진, 해나무, 2013 ★★★★

『퓨처 파일』 리처드 왓슨, 청림출판, 2009 ★★★★

◎ 미래 유망 직업 독후 활동

-내가 기대하는 미래 모습 vs 반대하는 미래 모습

『유엔미래보고서 2040』 박영숙·제롬글렌외, 교보문고, 2013을 읽고 인상 깊은 미래 모습에 대한 개인의 의견을 정리해 보자. 내가 기대하는 미래 모습과 그렇게 되지 않았으면 하는 미래 모습으로 나누어 이유를 써 보자.

기대하는 미래 모습	기대하는 이유
온라인 공개수업이 가져오는 진정한 혁명	누구에게나 열린 배움의 기회! 멋지다. 가난하다거나 학교가 멀다거나 하는 이유로 배울 수 없는 사람들에게 진짜 자유와 행복을 줄 수 있는 시대가 열릴 것이다.
음식도 프린트하는 세상	먹고 싶은 음식을 먹고 싶을 때 바로 먹을 수 있는 시대가 오는 걸까?
무인자동차	사람보다 안전할 것 같다. 직접 운전하지 않아도 차가 움직여서 편할 것 같다. 음주운전도 졸음운전도 사라질 것이다.
토탈리콜 : 기억의 삭제	가족이나 사랑하는 사람을 아프게 잃은 사람들을 보면 이런 기술이 있으면 좋겠다는 생각이 든다.
세계 최초의 에너지 제로 건물	아직은 큰 비용이 드는 기술이지만 좀 더 진보한 기술이라면 빈곤국에 가장 필요한 기술이라고 본다.
반대하는 미래 모습	반대하는 이유
종이가 사라진다	나는 아무리 봐도 종이책이 좋다. 화면으로 보는 건···. 아무래도 책이 아니다. 종이에 글씨를 쓰는 느낌도 좋다. 나 같은 사람이 많을 것이다. 종이는 사라지면 안 된다!
매트릭스 : 기계가 인간보다 더 똑똑해진다	인간보다 똑똑한 기계는 나올 것이다. 하지만 인간보다 따뜻할 수는 없다고 생각한다.
벤자민 버튼의 시간은 거꾸로 간다 : 노화가 사라진다	노화는 생명이 가진 특징이다. 생명이 소중한 이유는 유한하기 때문이 아닐까?

치사율 높은 새로운 질병들	인간은 늘 질병을 극복해 왔다. 하지만 번번이 더 강력한 질병이 나타나고 있는 것 같다. 알 수 없는 미래가 더 두렵기도 하다.
서구의 쇠퇴와 아시아로 이동하는 권력	아시아인으로서 기대되는 미래지만 그 주인공이 중국이나 일본이 될까 봐 걱정이다. 더 정신 바짝 차리고 열심히 살아야겠다.

내가 기대하는 미래 vs 반대하는 미래 독후 활동

기대하는 미래 모습	기대하는 이유
반대하는 미래 모습	반대하는 이유

-미래 사회 변화 토론

미래 사회 모습 중 하나를 주제로 정하고 찬성하는 팀과 반대하는 팀으로 나누어 토론을 해 보자.

토론 주제 예시

-공교육, 교실이 사라진다.

-인공지능 로봇의 발달

-독후 활동 : 미래 유망 직업 소개하기

　도서명 『도전 미래 유망 직업』. 먼저 나의 관심 분야를 생각해 보자. IT·로봇 분야, 경제·경영 분야, 의료·복지 분야, 환경·에너지 분야, 문화·예술 분야, 생활과 여가 분야 중 어느 분야에 관심이 많은가? 관심이 많은 분야를 정하고 어떤 직업이 있는지 하는 일과 특징을 조사해 보자.

IT·로봇 분야	경제·경영 분야	의료·복지 분야
−홀로그래피 전문가 −증강 현실 전문가 −인공지능 전문가 −양자 컴퓨터 전문가 −무인 자동차 엔지니어 −로봇 기술자 −정보 보호 전문가 −군사 로봇 전문가	−브레인 퀀트 −금융 기술 전문가 −대안 화폐 전문가 −매너 컨설턴트 −오피스 프로듀서 −인재 관리자 −개인 브랜드 매니저 −세계 자원 관리자 −최고 경험 관리자 −창업 투자 전문가 −인도 전문가	−복제 전문가 −기억 수술 전문 외과의 −생체 로봇 외과의 −장기 취급 전문가 −유전자 상담사 −치매 치료사 −임종 설계사 −두뇌 시뮬레이션 전문가
환경·에너지 분야	문화·예술 분야	생활·여가 분야
−우주 관리인 −에너지 수확 전문가 −제4세대 핵 발전 전문가 −날씨 조절 관리자 −극초음속 비행기 기술자 −종 복원 전문가 −환경병 컨설턴트 −탄소 배출 점검 기록 전문가 −탄소 배출권 거래 중개인 −미세 조류 전문가 −수소 연료 전지 전문가	−특수 효과 전문가 −나노 섬유 의류 전문가 −미래 예술가 −디지털 고고학자 −캐릭터 MD −내로캐스터	−미래 가이드 −결혼 및 동거 강화 전문가 −건강관리 전문가 −배양육 전문가 −식료품 구매 대행 −단순화 컨설턴트 −우주 여행 가이드 −익스트림 스포츠 가이드 −세계 윤리 관리자 −아바타 관계 관리자

◎ 미래 직업 소개하기

내가 관심 있는 미래 직업을 고르고 어떤 직업인지 공부하고, 왜 관심이 있는 분야로 선택했는지 설명해 보자.

관심 미래 직업	나의 의견
내가 선택한 미래 유망 직업은?	
이 직업을 고른 이유는?	
이 직업이 생긴 이유는?	
이 직업이 유망한 이유는?	
이 직업을 가지기 위한 진로 설계	

새로운 직업을 만들다
−창직(이색 직업) 탐색 도서

창직이란

'창직'은 직업을 만든다는 뜻이야. 세상에는 아직 없지만, 나만이 가진 재능과 아이디어를 적극적으로 현실화하여 새로운 가치와 일자리를 만드는 자기 주도적인 활동이라고 할 수 있지.

처음 창직은 1인 창조기업 형태였어. 1인 창조기업은 자신의 능력과 적성을 중심으로 사회에서 새롭게 필요로 하는 분야의 직업을 만들어 가는 활동이었어.

직업을 가진다고 하면 취업이나 창업을 하는 것만 생각했을지 모르지만, 내가 좋아하고 잘하는 분야에서 나만의 직업을 만든다고 생각해 봐. 세상에 하나뿐인 직업이 얼마나 가치 있을지 상상만 해도 즐겁지 않아?

정리수납 컨설턴트라고 들어 봤니? 정리수납 컨설턴트는 정리가 안 된 집이나 사무실을 방문해서 정리정돈을 해 주는 사람이야. 정리뿐만 아니라 정리수납 시스템을 통해 공간은 넓게 생활은 편리하게 컨설팅을 해 주기도 하지. 이런 직업도 처음에는 없던 직업이야. 자기 집이나 사무실의 정리정돈을 잘하는 사람이 다른 집과 사무실 정리를 도와주다가 전문적으로 돈을 받고 정리해 주는 사람이 생겨났겠지?

'정리정돈'이라는 개인적인 성격과 취미가 정리 안 되는 다른 사람을 도와줄 수 있는 직업이 된 거지. 이 일을 직업으로 하기 시작한 사람은 '창직'을 한 거야.

자신의 취미, 흥미와 적성을 잘 살리면 새로운 직업을 만들 수 있어. 내 직업을 내가 만든다고 생각해 봐. 내가 처음 만들면 그 직업은 세계에서 유일한 직업이야. 또 나로 인해 사람들이 직업을 갖게 되기도 하지. 내가 하고 싶은 일을 직업에서 찾을 수 없다거나 최초가 되고 싶다, 새로운 직업 분야를 만들고 싶다는 생각이 있으면 도전해 봐. 새로운 직업을 만드는 일을!

이렇게 '창직'이라는 분야가 생긴 이유는 취업난으로 청년 실업이 심각한 사회 분위기 때문일 거야. 앞으로 로봇 자동화 등으로 더 이상 일자리가 늘지 않는다면 취업난이 더 심각해지겠지?

이런 시기일수록 사회 트렌드에 따라 본인의 적성과 능력에 어울리는 직업을 스스로 만들어 내는 창직은 새로운 진로 선택의 방법이 될 수 있어.

아직 학생이라고 해서 창직을 어렵게 생각하지 않아도 돼. 창직은 아이디어와 열정, 도전 의식만 있다면 나이에 상관없이 할 수 있어. 실제로 중학생들도 창직 관련 세미나에 많이 참여하고 있어.

-애완동물 행동 상담원 : 개, 고양이 등 반려동물의 문제 행동을 분석하고 교정하는 전문가, 반려동물의 마음을 알고 적절한 교정 훈련을 실시하는 직업

-업사이클러 : 폐기물 문제를 해결하기 위해 현수막, 광고판, 카시트 등 버려지는 재료들로 실용성 있는 가방, 소품, 악세사리 등을 제작·판매하는 직업

-소셜 네트워크 전문가 : 상품을 공급 받기를 원하는 쇼핑몰과 반대로 상품을 판매하기를 원하는 판매자를 연결해 주는 다리 역할을 하는 온라인 솔루션을 만드는 직업

국내 접목 가능한 창직 해외 직업 1순위

분야	직업명	국가
여행	건축 여행 기획자 (Architecture guide)	미국, 유럽
	여행자전거 투어 리더 (cycle tour guide)	영국
	여행여행 비디오 창작자(Tour video creator)	유럽
	여행게스트하우스 컨설턴트(Guest house consultant)	미국
	여행의료관광 컨시어지(Medical tourism concierge)	싱가포르
	여행장애인여행 코디네이터(Reisehelfer/infu)	독일
	여행오지 캠핑 기획자(Wild camping planner)	영국
	여행캠핑 비즈니스 전문가(camping business specialist)	미국
의료, 복지	온라인 심리치료사(Online therapists)	유럽

	자폐아동 수중 레크리에이션 강사(Autistic child aqua recreation instructor)	미국
	치매 생활 코디네이터(Dementia lifestyle coordinator)	미국
	시니어 여가 생활 매니저(Senior activity manager)	프랑스, 일본
의료, 복지	시니어 전화안부 상담사(Senior telecounselor)	미국, 슬로베니아
농업, 어업, 식품	농산물 꾸러미 식단 플래너 (Local food menu planner)	미국
	기업식물 관리자(Company plant manager)	오스트레일리아
	치유 농업 전문가(Care farming specialist)	네덜란드
	푸드 애널리스트 (Food analyst)	일본
	반려동물 음식코디네이터 (Companion animal food coordinator)	미국, 일본
교육	홈스쿨 코디네이터 (Homeschool coordinator)	미국
	교육자기 성장 기간(갭이어) 기획자 (Gap year consultant)	영국
문화, 스포츠	스토리 코치(Story coach)	미국
	창작자 에이전트 (Originator agent)	미국
	스포츠 영상 전문가 (Sports video professional)	미국, 유럽
	트리클라이밍 지도사 (Lead tree climber)	미국
	스포츠 역사가 (Sports historian)	미국
	쇼 닥터 (Show doctor)	미국
	상품 스토리텔러 (Product story teller)	미국
	스포츠 심리상담사 (Sports counselor)	영국
개인 서비스	유휴 공간 활용 컨설턴트 (Underused space application consultant)	미국
	개인 서비스주택 하자 평가사 (Home inspector)	미국

*자료: 한국고용정보원 직업진로센터

창직 역량을 키우는 진로 독서

창직을 하려면 창직에 필요한 역량을 키우는 게 필요해. 역량이 없으면 아무리 좋은 재능과 아이디어가 있어도 실현시키기 어려워.

창업을 하기 위해서 먼저 갖추어야 할 역량은 기업가 정신이야. 기업가 정신은 기업의 이윤 추구와 사회적 책임 수행을 위해 기업가가 갖추어야 할 정신을 말해. 기업의 목적은 이윤의 획득이기 때문에 기업을 운영하려면 먼저 이윤을 창출해야 하지. 동시에 기업은 이윤을 사회에 환원한다는 점에서 사회적 책임도 가지고 있어.

따라서 기업을 이끌어 가는 기업가는 이윤을 창출하면서도 사회적 책임을 잃지 않는 정신을 가지고 있어야 해.

그런데 '창직'을 아무도 찾아주지 않는다면 '나 홀로 취미 생활'과 비슷하겠지? 시장성이 있는 분야에서 창직을 하는 것이 필요해.

두 번째, 창직에 필요한 역량은 사회적 가치 실현 역량이야. 사회적 가치 실현은 지역 사회나 국가의 문제 해결, 또는 사회적 약자를 위한 사회봉사 활동을 통해 사회적 기여를 하는 것을 말해. 주로 굶주림, 가난, 교육 불균형 등의 문제를 해결하는 것을 목적으로 활동하고 있지.

혹시 '사회적 기업'이라고 들어 본 적 있니? 사회적 가치 실현을 우선으로 하는 사회적 기업은 영리를 추구하는 민간 기업과 달리 사회적 가치, 공동의 이익을 추구하는 기업이야.

이외에도 참신성과 실현 가능성도 필요하지. 발상을 전환해 다른 사람이 보지 못한 부분을 보고 틈새시장을 찾아낼 수 있는 참신한 창의력도 기본이 되어야겠지?

아무리 아이디어가 훌륭해도 창직은 시장에서 실현 가능성이 있어야 해. 평소 사물과 세상에 대한 관심을 가지고 이 세상에 필요한 새로운 직업은 없는지 관심을 기울여 봐. 내가 좋아하고 잘하는 일을 즐기는 삶도 창직을 통해 실현시킬 수 있어.

기업가 정신을 키우기 위한 추천 도서

『신화가 된 30인의 기업가 (메디치에서 하워드 슐츠까지)』 우베 장 호이저 · 존 융클라우 센, 넥서스BIZ, 2015 ★★

『세상을 바꾸는 천 개의 직업 : 박원순의 대한민국 희망 프로젝트』 박원순, 문학동 네, 2011 ★★

『나의 첫 사업 계획서』 사하&보비 하셰미, 민음인, 2005 ★★★

『슘페터가 들려주는 기업가 정신 이야기』 이영직, 자음과 모음, 2012 ★★★★

사회적 가치를 실현하는 역량을 키우기 위한 추천 도서

『비영리 분야를 위한 좋은 조직을 넘어 위대한 조직으로』 짐 콜린스, 김영사, 2015 ★★★★

『사회적 기업가와 새로운 생각의 힘』 데이비드 본스타인, 지식공작소, 2013 ★★★★

다양한 창직 분야

'창직'이란 분야가 아직 생소하기 때문에 어떤 분야에 어떤 일이 있는지 먼저 살펴보자. 창직은 낯선 분야일 수 있어서 독서를 통해 관련 분야의 이해의 폭을 넓히는 게 먼저 필요해. 그리고 내가 관심 있는 분야에서 창직을 하려면 어떤 지식과 준비가 필요한지 생각해 보자.

> • 사회적 기업 •친환경 녹색 분야 •스마트폰과 소셜 네트워크 분야 •예술과 과학의 만남 •우리 전통을 기반으로 한 창직 •새로운 라이프 스타일 •여가와 취미

사회적 기업

'사회적 기업'이란 어려운 사람들에게 사회 서비스 또는 일자리를 제공하여 지역 주민의 삶의 질을 높이는 등의 사회적 목적을 추구하면서 영업 활동을 하는 기업이야.

이윤을 창출하는 목적은 기업과 같지만, 발생한 이윤을 개인이나 기업이 가지는 것이 아니라 사회에 환원하기 때문에 사회적 기업이라고 하는 거야.

사회적 기업을 희망하는 사람들에게 심사 후 창업 비용, 창업 공간, 멘토링 등을 제공하여 성공적인 사회적 기업 창업을 지원하는 제도도 있으니까 잘 알아 봐. 지원을 받으면서 창업을 할 수도 있어.

직업 예시

• 실속형 보청기 제조업 운영자 •현수막 에코백 제작자 •시각장애인 잡지 발간인

사회적 기업 이해 추천 도서

『하고 싶은 일이 없는 사람은 사회적 기업가가 되어라 : 사회적 기업 창업 도전기』 야마모토 시게루, 생각비행, 2012 ★★

『청춘, 착한 기업 시작 했습니다 : 젊은 사회적 기업가 12인의 아름다운 반란』 이희수 · 이재영, 부키, 2013 ★★

『선을 위한 힘 : 성공한 사회적 기업과 비영리 단체의 6가지 습관』 레슬리 R 크러치필드 · 헤더 머클로우드 그랜트, 소동, 2010 ★★★

녹색 직업

'녹색 직업'이란 어떤 직업일까?

녹색 직업 분야에서도 새로운 직업이 많이 생기고 있어. 녹색 직업이란 고효율 전략, 탄소 제거 경제, 폐기물 및 오염 발생의 최소화를 통해 환경보존 및 회복, 생태계 및 생물 다양성 보호, 에너지 및 물자, 물 소비 감소에 도움이 되는 직업을 말해.

녹색 직업의 특징 중 하나는 새로운 기술 또는 산업의 등장과 함께 녹색 직업이 탄생한다는 거야. 태양광 발전 연구원이나 전기자동차 충전 시스템 기술자 등은 이전에는 없던 직업으로 새로운 녹색 기술의 등장에 따라 생긴 직업이야.

탄소배출권 거래 중개인은 국제환경 협약에 따라 '탄소배출권 거래'라는 새로운 개념의 서비스가 등장함에 따라 생겨난 녹색 직업이지. 온실가스 저감 및 환경 보전을 위한 다양한 기술적, 정책적 노력으로 기술이나 서비스가 등장하게 되면 그에 종사할 새로운 직업이 또 생겨날 거야.

녹색 직업 분야

-환경오염 저감 분야 : •친환경 기계 및 장비 •친환경 건설 •온실가스
처리 •친환경 제품 •친환경 농림

-대체 에너지 개발 및 생산 분야 : •태양광 •태양열 •풍력 •지열 •바
이오 에너지 •해양 에너지 •폐기물 에너지 •수력 •연료 전지 •화석
연료 청정화

-환경 서비스 환경 보호 및 복원 분야 : •환경 서비스 •환경보호 및 복원

직업 예시

•실시간 전기 요금 확인 장치 개발자 •에코 웨딩 디자이너 •하천 관리사

녹색 직업 이해 추천 도서

『알고 싶어요 미래 에너지 : 인공태양에서 신재생에너지까지』 이은철, 상수리, 2009
★★

『친환경 유기농업 초저비용으로 가는 길』 조영상, 자연을 닮은 사람들, 2012 ★★★

스마트폰과 소셜 네트워크 분야

스마트폰의 대중화 시대가 열리고 스마트폰이 사람들의 생활에 미치는
영향은 점점 더 커지고 있어. 스마트폰은 인터넷 접속 외에 사람들의 생활
습관과 일상의 모습까지 변화시키고 있지. 스마트폰과 소셜 네트워크 서비
스는 이미 다양한 분야의 새로운 직업을 탄생시켰고 앞으로 더 활발한 창직
이 이루어질 분야야.

• 소셜 커머스 쿠폰 중개인 • 스토리텔링 매니저 • 소셜 데이팅 서비스 운영자

스마트폰과 소셜 네트워크 분야 이해 추천 도서

『유튜브 마케팅 가이드 : 스마트폰 시대의 10억짜리 홍보 비법』 스가야 신이치 · 고토 미치오, e비즈북스, 2014 ★★★

『소셜 네트워크로 세상을 바꾼 사람들 : Startup DNA』 노승헌, 길벗, 2012 ★★★

예술과 과학의 만남

예술과 과학은 서로 다른 분야지만 이들을 융합하는 분야가 점점 늘고 있어. 실제로 예술가에게는 예술에 쓸 유용한 수단을 얻기 위해 과학이 필요하고, 과학자는 과학 세계를 설명할 적합한 모델을 창조하기 위해 예술을 활용하기도 해.

세계적인 사업가 스티브 잡스의 성공에는 과학 기술의 활용뿐만 아니라 디자인이 있었어. 과학 기술과 디자인의 성공적인 접목이 그의 성공 요인이라고 할 수 있지.

이처럼 두 영역은 서로 결합하고 보완하면서 새로운 제품과 기술, 서비스를 만들어 낼 수 있어. 그로 인해 새로운 직업이 계속 생길 가능성이 높은 분야니까 혹시 두 분야 모두 관심이 있다면 융합을 고려한 직업도 생각해 봐.

직업 예시

• 디자인 유통 중개인 • 테크아트 주얼리 개발자 • 빛 디자이너 • 홀로그

램 전시 기획자 • 음악 분수 연출가

예술과 과학 융합의 이해 추천 도서

『예술을 꿀꺽 삼킨 과학』 김문제 · 송선경, 살림FRIENDS, 2012 ★★

『미술관에 간 화학자 : 이성과 감성으로 과학과 예술을 통섭하다』 전창림, 어바웃
어북, 2013 ★★★

우리 전통을 기반으로 한 창직

세계화가 이루어지면서 우리는 많은 편리함을 누리면서 살아갈 수 있게
되었지만, 그런 환경이 오히려 문화의 획일화를 불러오기도 해.

'가장 한국적인 것이 가장 세계적'이라는 말처럼 가장 한국적인 우리나라
만의 것이 앞으로 전 세계적으로 인정받을 수 있을 거야.

전통적인 것을 최신 기술이나 서비스 등과 결합시킨 새로운 직업이 생기
면 세계화를 통해 더 넓은 시장에서의 성공 가능성이 있어.

직업 예시

• 한옥 건축가 • 전통차 프랜차이즈 경영자 • 한국형 스파 컨설턴트

도서

『디자인 미래를 바꾸는 전통의 힘 : 디자인과 전통 공예의 만남을 꿈꾸다』
기타 도시유키, 안그라픽스, 2010 ★★★

『벽난로, 구들방을 데우다 : 서양식 벽난로와 전통 구들의 만남』 이화종, 시골생활,
2012 ★★★

새로운 라이프 스타일

시대가 급변하면서 우리들의 생활에도 많은 변화가 생겼어. 사회가 점점 복잡해지고, 사람들의 생활이 점점 더 다양해지면서 새로운 수요가 생기기 시작했어.

예를 들어 하찮게 여겨지던 애완동물을 가족처럼 대하면서 애완동물과 관련된 새로운 직업들이 생겨난 거지. 반대로 타인에 대한 무관심으로 범죄가 늘어남에 따라 안전한 삶에 대한 욕구가 늘고, 1인 가구의 증가에 따른 시장 수요도 늘어나고 있어.

이처럼 새로운 라이프 스타일의 변화에 맞춰 시장이 형성되고 여기에 필요한 새로운 직업들이 생겨난 거지.

직업 예시

• 애완동물 장례 지도사 • 범죄 환경 예방 전문가 • 에코 쿡 스토리 에디터
• 여가 생활 상담원 • 홈 케어 디렉터

도서

『애니멀 레이키 : 반려동물을 행복하게 하는 기적의 손치유』 혜별, 샨티, 2014 ★★

『나 혼자도 잘 산다 : 혼자 살거나 혼자 살고 싶은 사람들을 위한 슈퍼 웰빙 라이프』 이상화, 시그널북스, 2012 ★★★

여가와 취미

2004년부터 실시된 주 5일제는 사람들의 일상에 많은 부분을 변화시켰어. 길어진 여가 시간은 일하는 시간만큼이나 삶의 중요한 부분으로 자리

잡았고 그 시간을 어떻게 보내는가에 사람들의 관심이 모이기 시작했어.

여가를 잘 보내기 위해 사람들의 여행에 대한 관심이 늘어나고 이에 여행 업계는 시장의 수요에 맞춰 많은 여행 상품을 출시하고 있어. 시장이 커지면서 상품의 다양성에 대한 수요가 늘어나고 있고 이와 관련된 새로운 직업들도 등장하고 있어.

또한 여가 생활을 즐기는 수단으로 취미생활의 종류도 다양해지고 있어. 자신만의 특이한 취미 활동을 하려는 사람도 늘고 있고, 이에 따라 독특한 자신의 취미를 발전시켜 직업으로 연결시키는 사람도 생겨나기 시작했어.

직업 예시

• 공스텔 전문 매니저 • 북 멘토 • 코스튬 마케터

도서

『론리 플래닛 스토리 : 여행을 향한 열정이 세상을 바꾼 이야기』 토니 휠러 · 모린 휠러, 컬처 그라퍼, 2011 ★★

『손재주로도 먹고삽니다 : 10인의 작은 수공예숍 성공기』 박은영 · 신정원, 황금시간, 2015 ★★

◎ 창직 독후 활동 1

고물이 보물 되는 재활용 이야기! 자기가 쓰고 있는 물건, 입고 있는 옷, 먹고 있는 음식 등 일상생활에서 버려지는 주변의 쓰레기를 돌아보고, 관련 직업을 만들어 보자.

도서명	『너에겐 고물? 나에겐 보물?』 허은미, 창비, 2010 ★
진로 독후 활동	-지구가 점점 아픈 이유는 무엇일까요? -재활용을 해야 하는 이유는 무엇일까요? -어떻게 하면 지구 환경을 지킬 수 있을까요? -환경을 지키는 일에는 어떤 직업이 있을까요?
창의적 독후 활동	〈나도 에코 제품 디자이너〉 재료: 각종 재활용품 (신문, 종이, 페트병, 유리병, 플라스틱 등) -에코 제품 디자이너가 하는 일에 대해 설명해 주고 에코 제품 디자이너가 만든 제품을 보여 준다. -각종 재활용 재료로 나도 에코 제품 디자이너가 되어 본다. 각지 이떤 이유와 용도로 만들었는지 자신이 만든 제품을 발표해 본다.
창직 독후 활동	-분야별 쓰레기 발생과 처리의 문제점에 대해 생각해 본다. 　(음식 쓰레기, 산업 폐기물, 의류, 신발, 비닐봉지 등) -쓰레기를 합리적으로 처리할 수 있는 직업을 만들어 보자. 　직업명: 　하는 일:

◎ 창직 독후 활동 2

다음 창직 유망 분야 중에서 나의 관심 분야를 선택해 보자.

사회적 기업
친환경 녹색 분야
스마트폰과 소셜 네트워크 분야
예술과 과학의 만남
우리 전통을 기반으로 한 창직
새로운 라이프 스타일
여가와 취미

나의 관심 분야에서 어떤 직업이 생길지 상상해 보자.	
나의 관심 분야	
예상되는 변화	
필요한 직업	
직업을 만드는 데 필요한 독서 계획을 세워 보자.	
책 제목	
새롭게 알게 된 점	
창직과 관련된 정보	

부록

- 서울대 합격생의
  진로 독서 후기
- 서울대 자기소개서
  독서 관련 문항
  합격 사례

■서울대 합격생의 진로 독서 후기

[진로 독서로 방향을 정하다]

작성자 : 서울대 수의학과 신동휘

초중학생 시기의 독서

어린 시절의 독서는 호기심을 자극해 지능의 발달에 큰 영향을 주고, 인격 형성에도 중요한 역할을 한다. 이 시기의 탄탄한 독서는 중등교육을 받을 때의 성적에는 물론, 나아가 인생에도 큰 영향을 준다고 생각한다. 이 시기에 즐겨 읽은 책의 종류에 따라 세상을 보는 눈이 달라질 수 있다. 예를 들어, 따뜻한 이야기를 담은 책을 즐겨 읽은 아이는 세상을 아름답게 보며 따뜻한 마음을 가지고 살아갈 것이고 과학상식에 관한 책을 많이 읽은 아이는 세상이 돌아가는 이치를 이해하고 또 다른 것들에 대한 호기심을 갖고 이를 해결해 내는 능력이 향상될 것이다. 이처럼 아직 많은 정보를 갖고 종합하거나 이해하는 활동이 적은 상태에서의 독서는 생각을 하는 배경에 큰 영향을 줄 것이기에 어떤 책을 접하고 흥미를 갖는지가 중요하다. 이 시기에 독서를 즐겨 하지 않는다면 중학교에 진학한 뒤에 공부를 하는 것만으로도 벅찬 상황이 될 수 있으므로 독서하는 습관을 들여 놓도록 하자.

중학생이 되면서 많은 학생들이 본격적으로 내신 성적에 관심을 갖고, 선행 학습 및 영어 공부에 열을 올린다. 그동안 독서 습관이 잘 잡혀 있다면 학교진도를 따라가는 일에는 큰 무리가 없을 것이다. 이 시기의 독서 습관에서 중요한 것은 수학이나 영어 공부를 열심히 병행해야 한다는 것이다.

영어나 수학을 충분히 공부해 두지 않고 고등학교에 올라간다면 입시 준비를 하는 것만으로도 시간이 부족할 것이다. 고등학교에서 남들 다 수학 영어 공부하느라 바쁠 때 책을 읽는 학생들을 종종 볼 수 있다. 공부만 하는 학생보다 이렇게 읽고 싶은 책을 읽으며 공부하는 학생들이 그렇지 않은 학생들보다 더욱 여유 있고 즐겁게 공부할 수 있다. 물론 성적도 대부분 이런 학생들이 더 좋다. 그리고 많은 대학에서 이렇게 공부한 학생들을 원한다. 중학교 때 책만 읽고 고등학교 때 공부만 하는 것보다 중학교 때 꾸준히 책을 읽으며 미리 영어나 수학 등 필요한 공부를 해 두고 고등학교 때 책을 읽을 시간을 확보하는 것이 훨씬 도움이 될 것이다.

고등학생 시기의 독서

우리나라의 교육 현실에서 고등학생이 흥미를 가지고 있는 대학과 전공에 대해 명확하게 알기란 쉽지 않다. 무엇을 배우고, 어떠한 실습을 하며, 졸업 후에 할 수 있는 일들이 무엇인지만 알아도 목표를 정하고 공부하는 데 큰 도움이 될 것이다. 나 또한 고등학교 때 원하는 대학과 전공에 대해 많은 고민을 하였고, 가장 적극적으로 궁금증을 해결할 수 있는 방법이 관련된 책을 읽는 것이라고 생각했다.

고등학교 1, 2학년 때는 현재 재학 중인 수의과대학에 대해 별 생각이 없었다. 그저 공부를 열심히 해서 의대에 가겠다는 생각에 의학 관련 서적을 읽기 시작했었고, 그러다가 점차 보건, 환경, 그리고 인수 공통 감염병에 관심을 갖게 되었다. 하지만 대학과 전공에 대한 지식이 부족했던 나는 그저 이러한 모든 공부와 연구가 의대에서 이루어지는 줄로만 알았고, 수시 원서 중 대다수를 의대에 지원하는 데 쓰기까지 했다. 뒤늦게 다른 관련 도서를 통해 수의학에 대해 알게 되었고, 더 알아본 결과, 목표로 하고 있던 분야에 대한 공부를하기 위해서는 수의과대학에 진학해야 한다는 것을 깨닫게 되었다. 수의과 대학을 졸업하면 동물병원에서 동물 진료만 하는 줄 알았던 나는, 지금도 만약 책을 읽지 않고 공부만 했다면 생각했던 것과는 다른 엉뚱한 목표로 향할 뻔했다는 생각을 하고는 한다. 물론 현재 배우고 있는 과목들이나 지금 생각하는 졸업 후 수의학도의 진로는 고등학교에 다니던 때에 생각했던 것과는 조금 다르다. 하지만 올바른 목표를 제시해 주었다는 것만으로도 독서가 얼마나 중요한 일인지 알 수 있다.

이처럼 관심 분야에 대한 독서는 성적에 신경을 쓰느라 정작 무엇을 해야 하는지 모르는 학생들에게 올바른 진로를 설정할 수 있는 표지판이 될 수 있다. 사실 고등학교에 다니던 때에 읽었던 전공 관련 의학 및 생물학 서적들이 대학교에 와서 배우는 것들에 직접적인 영향을 주지는 않는다. 그 당시 읽었던 지식이 시험에 나오는 것도 아니고, 크게 직접적으로 연관이 되지도 않는다. 하지만 당시 읽었던 많은 내용은 고등학생 때의 나에게 수의학과를 가겠다는, 그리고 이왕 갈 거 가장 교육 환경이 좋고 많은 것을 배울 수 있는 서울대학교에 진학하겠다는 생각을 굳히는 데 충분했고, 열심히 공부를 할 수 있는 발판이 되어 주었다. 공부를 하던 중에 힘이 들 때마다 했던 독서는 미래에 내가 하고 있을 연구에 대한 꿈을 키우며 다시금 공부를 할 수 있게 하는 원동력이 되었다. 지금도 전공 과목을 공부하며 힘이 들 때마다 그때 읽었던 책을 떠올리거나 다시 찾아 읽어 보기도 하고, 나태해질 때마다 꿈을 이루기 위해 노력했던 학창 시절의 모습을 생각하며 현재의 나를 꾸짖고 반성하기도 한다.

독서는 이처럼 직접적으로 진로에 영향을 주기도 하지만 간접적으로 영향을 주기도 한다. 대학에 진학하는 것은 학업을 목표로 하는 사람들에게 있어서 매우 중요한 절차이다. 독서에 대한 기록은 대학 입학에 큰 도움을 주기도 한다.

전국의 수많은 우수한 학생의 자기소개서와 생활기록부 사이에서 눈에 띄기는 쉽지 않다. 많은 대학에서 접수된 원서를 검토할 때 중요시하는 부분이 바로 독서 활동 기록이다. 책의 주제가 진학하고자 하는 전공과 긴밀한 연관이 있을 필요는 없다. 대학에서 원하는 것은 책을 읽으며 얼마나 많은 지식을 얻었느냐가 아니다. 능동적으로 책을 읽었는지, 무엇을 느꼈고 그로 인해 얻은 교훈이 무엇이고 이에 따라 자신이 어떻게 변화하였는지를 알리는 것이 중요하다. 어려운 내용의 책을 읽고 독후감을 쓰면 더 좋은 점수를 얻을 수 있을 것이라고 생각하지만 그렇지 않다. 정말 쉬운 책을 읽는다 해도 남들과는 다른 본인만의 교훈을 얻었다면 좋은 점수가 매겨질 것이다. 수준이 높은 책을 억지로 읽을 필요가 없다는 말이다. 독서 기록은 그저 책을 읽고 줄거리를 요약하는 것이 아닌, 여느 논술과 같이 본인의 생각 또는 생각에 영향을 미친 점들에 대해 기록하는 것이다. 이러한 기록은 어느 날 갑자기 되는 것이 아니다. 꾸준한 독서와 독서 기록을 통해 자신의 생각을 정리하고 알리는 연습이 필요하다. 글자 수가 제한되어 있는 경우가 대부분이니 미사여구 없이 간결하게 본인의 생각을 전달하는 연습도 필요하다. 이러한 정리와 연습이 결국 자기소개서를 쓰거나 면접을 볼 때, 그리고 논술 시험을 볼 때에 큰 도움이 된다. 아울러 독서 활동이 자신의 진로와 연관된 독서라면 더 큰 플러스알파의 준비가 될 것이다.

[입시에 있어서 독서의 중요성]

작성자 : 서울대학교 경영학과 최석중

대부분 학생과 학부모는 입시에 있어서는 독서가 그렇게 중요하지 않다고 생각하지만 실제로 입시에 있어서 독서는 굉장히 중요하다. 서울 상위권 대학의 수시모집 비율이 매년 지속적으로 증가하고 있기 때문에 성공적인 입시를 위해서는 수시 전형에도 대비를 하는 것이 필수적인데, 많은 상위권 대학들이 수시모집에서 제출해야 할 학생부에 독서 기록을 적는 항목을 만들어 놓았다. 그런데 이 독서 기록 항목을 고3 7~8월에 자기소개서 쓸 시기에 임박해서 책을 읽고 쓰려고 하는 건 굉장히 안 좋은 선택이다. 왜냐하면 보통 이런 독서 기록 항목에서는 '자신에게 가장 큰 영향을 준 책을 3권 이내로 기술하시오.'와 같은 문항이 주어지는데, 책을 급하게 읽고 이러한 항목을 쓰다 보면 이 책이 나의 삶에 어떻게 구체적으로 영향을 주었는지를 진실성 있게 표현할 수가 없다. 따라서 독서도 여유가 있을 때 미리 준비해야 한다.

책을 읽을 때 주의할 점이, 보통 자기소개서는 3권의 책을 써 내라고 하는 것이 일반적이기 때문에 수백 권의 읽을 필요는 없다. 오히려 적은 권수의 책을 한 구절 한 구절씩 꼼꼼하게 읽으면서 '내가 이 책을 통해 무엇을 알게 되었나.'를 되새기는 것이 더 바람직하다. 또 책을 읽고 난 뒤에는 독후감을 모아 놓는 독서 파일을 따로 만들어서 정리를 하면 좋은데, 이때 독후감을 너무 완벽하게 쓸 필요는 없다. 어차피 나중에 자기소개서를 쓸 때가 되면 예전에 읽었던 책들을 다시 한 번 더 읽을 것이 분명하기 때문에 그때 내가 알아볼 수 있게 줄거리 정도만 간략하게 적고, 또 책을 읽으면서 이러한 점이 인상 깊었다 하는 부분을 가볍게 적으면 된다. 독서 파일을 만드는 것은 남에게 보여 주려고 만드는 것이 아니라 '내가 나중에 다시 책을 볼 때 더 편하게 볼 수 있게끔 만드는 것이다.'라는 생각을 하면서 만들어 놓는 것이다.

나의 경우는 서울대 자기소개서 독서 기록 항목에서 『사기』, 『자유론』, 『기적은 당신 안에 있습니다』 등 세 권의 책을 써냈다. 『사기』와 『자유론』은 고등학교 2학년 때쯤에 읽었던 책이고, 『기적은 당신 안에 있습니다』는 한 척수장애인이 시련을 딛고 훌륭한 외과의사가 되는 실화를 담은 책인데 중학생 때 너무나도 감명 깊게 읽어서 고3 올라갈 때까지 생각날 때마다 보던 책이었다. 이렇게 독서를 미리미리 하고 독후감도 작성해 놓으니 자기소개서를 쓸 때 독서 항목을 채우는 데는 시간이 그다지 걸리지 않았다.

이런 독서 기록 항목을 적을 때 제가 이 책에서 느꼈던 점뿐만 아니라 이 책에서 비판적으로 봐야 할 부분도 적었는데 이러한 부분을 입학사정관이 꽤 좋게 평가해 주었던 것 같다. 다만 한 가지 아쉬운 점은 '경영학과'에 관련된 책 하나 정도를 써 줬으면 더 좋지 않았을까 하는 생각이 든다. 여러분들은 꼭 희망 전공과 관련된 독서도 함께하길 바란다.

꼭 입시를 위한 독서가 아니더라도, 진로에 관련한 독서의 효과는 이미 잘 알고 있을 것이다. 학생들이 자신의 꿈을 찾는 데에는 세상의 축소판인 책을 읽는 것만큼 좋은 것은 없기 때문이다.

■ 서울대 자기소개서 독서 관련 문항 합격 사례

- 고등학교 재학 기간 또는 최근 3년간(단, 초등학교, 중학교 재학 기간 제외) 읽었던 책 중 자신에게 가장 큰 영향을 준 책을 3권 이내로 기술하여 주십시오.
- '선정 이유'는 각 도서별로 띄어쓰기를 포함하여 500자 이내로 작성해야 합니다.
- '선정 이유'에는 단순한 내용 요약이나 감상보다는 읽게 된 계기, 책에 대한 긍정적 또는 부정적 평가, 이 책이 자신에게 준 영향을 중심으로 기술하면 됩니다.

서울대학교 합격 자기소개서 중 독서 기록 항목 1

선정 도서		선정 이유
도서명	수명연장 방정식 ★★★★	기초의학과 생명에 대한 호기심에 관련 서적을 찾다가 교내 도서관에서 이 책을 발견하게 되었다. 책에서 소개된 '수명을 늘이거나 줄이는 100가지의 요인'을 읽으며 자연스럽게 건강에 좋은 것들과 나쁜 것들에 대해 알게 되었다. 그러한 요인들이 어떻게 수명에 영향을 주는지, 이 외에 다른 어떤 요인들이 있는지 궁금해졌고 앞으로 내가 해야 할 일들이 이런 것들과 관련이 있다는 사실에 가슴이 두근거렸다. 여자로 태어났기 때문에 수명이 십년 가까이 늘어난다는 점이나 안전한 집, 출생지 등이 수년의 수명을 좌우한다는 등 어쩔 수 없이 주어진 운명이나 환경이 수명과 밀접한 관련이 있다는 것이 독자들이 처한 현실에 따라 다행이라고 느낄 수도 있겠지만, 아픈 상처가 될 수도 있을 것 같다. 하지만 사고방식이나 삶을 대하는 태도, 신앙, 가치관 등에 따라 얼마든지 건강한 삶을 살 수 있다는 것을 깨닫게 해주는 것이 이 책이 줄 수 있는 가장 큰 선물이라고 생각한다.
저자 /역자	트리샤 맥네어 /서예진	
출판사	성균관대학교출판부, 2008	

292

도서명	기생충 제국 ★★★★	동물에 대한 의료 서적을 찾던 중 생물동아리에서 같이 공부하던 친구가 재미있게 읽었다며 이 책을 추천해 주었다. 서울대학교 수의예과 학사 과정에서 '수의기생충학 및 실습'이라는 과목을 배운다는 것을 알았기에 즐겁게 책을 읽었다. 숙주의 생식 능력을 제거한 후 자신의 알을 키우게 하거나 최종숙주에게 잡아먹히도록 중간숙주를 멍청하게 만들기도 한다는 것을 알았을 때 소름이 끼쳤다. 하지만 저자가 숙주의 면역체계를 농락하고 조종하는 이 생물의 삶이 인간과 다를 바 없다는 것을 밝혔을 때, 충격적이었지만 인정하지 않을 수 없었고 겸손함을 갖게 해 주었다. 현 시점에서 기생충들이 과학자들의 관심거리가 되고 그 삶이 밝혀진 이유가 자연을 지배하려는 인간의 욕심과 만행을 경계하며 겸손하게 살라는 자연의 메시지가 아닐까 하는 생각을 갖게 되었다. 기생충에 관심이 있거나 이 분야에서 일할 사람이 아니라면 이 책을 읽는 것이 물가에서 놀거나 동물들을 대할 때 심한 불쾌감을 줄 수도 있을 것 같다.
저자 /역자	칼 짐머 /이석인	
출판사	궁리, 2004	
도서명	수학콘서트 ★★★★	수학과 관련된 다양한 것들에 호기심이 생겨 수학 관련 도서를 찾던 중, 학교 도서관에서 '수학콘서트'라는 책을 보고 독특한 제목에 끌려서 빌려 읽어 보게 되었다. 수학을 음악과 접목시켜 다양한 수학 이야기를 하는 흥미로운 형식의 책이었다. 분배의 법칙을 다룬 주제에서 여러 분배 방법으로 어떠한 물건을 몇 명에게라도 공평하게 나누어 줄 수 있다는 것을 알려준다. 사회의 여러 분배 문제와 관련된 사람들이 자신의 이익만을 생각할 게 아니라 위에 제시한 방법들을 추구하며 공정하게 나누고 양보한다면 많은 쟁점들이 해결되고 사회 통합이 이루어질 것이라고 생각했다. 바코드에 관한 주제에서는 바코드가 빠르면서도 정확할 수 있는 이유를 마지막 숫자인 '체크숫자'를 들어 설명하고 있다. 수학이 이처럼 곳곳에서 인간의 삶을 이롭게 해주는 역할을 하고 있다는 것을 깨닫게 해 준 책이다. 수학을 공부하는 것이 힘든 친구들이 읽어 보면 동기 부여가 될 수 있는 책이다.
저자	박경미	
출판사	동아시아, 2013	

서울대학교 합격 자기소개서 중 독서 기록 항목 2

선정 도서		선정 이유
도서명	자유론 ★★	윤리와 사상 수업 시간에 공리주의에 대해 배웠는데 양적 공리주의가 갖고 있는 '다수의 횡포'라는 폐해에 대해 더 깊이 알고, 자유의 정의가 대체 무엇인지, 또 어떻게 소수의 자유를 보장해야 하는지에 대해 자세하게 알고 싶어서 이 책을 읽게 되었다. 이 책은 19세기에 쓰였음에도 불구하고 현대 민주주의 사회에서 빈번하게 일어나는 '다수의 결정에 의한 소수의 기본권 침해'를 비판하고, 이에 대한 해결책을 제시한다는 점에서 상당히 의미 있는 책이다. 하지만 밀 본인도 그 시절 만연한 제국주의적인 인식에서 자유롭지 못했기 때문에 식민지인들의 자유를 인정하지 않은 한계가 있다. 또 이 책에서 언급되는 자유는 방어적 성격을 가진 천부인권인데 굳이 성인과 미성년자를 구분하여 성인에게만 그 자유를 인정하게 한 것도 문제라고 생각한다. '자유론'은 나에게 다수의 의견만이 반드시 옳은 것이 아니며, 소수의 자유도 보장해야만 건전한 사회를 만들 수 있다는 것을 알려 줬다.
저자 /역자	존 스튜어트 밀 /서병훈	
출판사	책세상, 2005	
도서명	사기 ★★★	평소에 아버지께서 교훈적인 말씀을 하실 때 사기에 나온 구절들을 빈번하게 인용하셔서 나에게 사기에 대한 궁금증을 불러일으켰다. 그러던 어느 날 사기를 읽으면 중국인들의 사고방식과 내면을 잘 이해할 수 있다는 학교 세계사 선생님의 말씀을 듣고 이 책을 읽게 되었다. 이 책은 백이·숙제의 일화에서 세상에서 옳고 그름의 도리라는 것은 존재하지 않는다고 말하고 있는데, 후세의 사람들에게 교훈을 주기 위한 사기에 남들에게 선행을 베풀어도 이에 걸맞은 대가가 없다는 이야기를 담은 것이 적합하지 않다고 생각한다. 이 책은 나에게 사회를 살아가기 위해 필요한 많은 교훈을 주었다. 가령 평원군의 일화에서 사람을 대할 때 진심으로 대해야 한다는 것이나, 항우의 일화에서 사사로운 정 때문에 대의를 놓치면 안 된다는 것이 바로 그것이다. 또 말 몇 마디로 여러 국가들을 마음대로 움직일 수 있는 소진의 일화를 읽고 유능한 국제 통상 전문가가 되려면 외교관 수준의 뛰어난 설득·토론 능력을 갖춰야겠다고 느꼈다.
저자 /역자	사마천 /소준섭	
출판사	서해문집, 2014	

도서명	기적은 당신 안에 있습니다 ★★★★	사지마비 장애인이 고난과 역경을 이겨내고 뛰어난 의사가 된다는 이야기를 우연히 접하게 되어 이에 큰 흥미를 느껴서 읽게 되었다. 이 책은 주인공이 의사가 되는 이야기를 담고 있을 뿐만 아니라 주인공이 어떤 사고를 당해서 장애인이 됐고, 또 그로 인해 얼마나 많이 절망했는지에 대한 이야기도 담고 있어서 주인공의 처지를 더 쉽게 이해하고 받아들일 수 있었다. 주인공이 장애인 의사로서 열심히 살아가는 것만으로도 다른 사람들에게 큰 감동을 주었다는 이야기가 쓰여 있는데, 이를 보고 나도 다른 사람들에게 활력을 주는 삶을 살고 싶다고 생각했다. 또 인간의 능력은 무한하다는 것을 깨달아 내가 열심히 노력만 한다면 지금보다 더 유능한 인재가 될 수 있을 것이라고 느끼면서 삶의 자신감을 얻었다.
저자	이승복	
출판사	황금나침반, 2005	

참고 문헌

『2015 우리들의 직업 만들기』 한국고용정보원, 진한엠앤비, 2015

『십대를 위한 직업백과』 이랑, 꿈결, 2013

『창의적인 독서지도 77가지』 독서지도연구모임, 해오름, 2003

『놓치기 아까운 젊은 날의 책들』 최보기, 모아북스, 2013

『책벌레 선생님의 행복한 책이야기』 권일한, 우리교육, 2011

『느리게 읽기』 데이비드 미킥스, 위즈덤하우스, 2014

『질문을 던져라 책이 답한다』 김은섭, 교보문고, 2010

『책, 인생을 사로잡다』 이석연, 까만양, 2012

『비전을 실현해 주는 독서컨설팅』 심상민, 교보문고, 2009

『청소년, 책의 숲에서 길을 찾다』 방누수, 인더북스, 2012

『전도근 박사의 자기 주도 학습 지도 전략』 전도근, 학지사, 2012